U0512998

百年经典学术丛刊

国 防 论

著

蒋百里

上海古籍出版社

图书在版编目(CIP)数据

国防论 / 蒋百里著. -- 上海：上海古籍出版社，
2025. 5. --（百年经典学术丛刊）. -- ISBN 978-7
-5732-1538-3

Ⅰ. E115

中国国家版本馆 CIP 数据核字第 202578U6M8 号

百年经典学术丛刊

国防论

蒋百里　著

上海古籍出版社出版发行

（上海市闵行区号景路 159 弄 1 - 5 号 A 座 5F　邮政编码 201101）

（1）网址：www. guji. com. cn

（2）E-mail：guji1@guji. com. cn

（3）易文网网址：www. ewen. co

浙江临安曙光印务有限公司印刷

开本 890×1240　1/32　印张 4.125　插页 3　字数 103,000

2025 年 5 月第 1 版　2025 年 5 月第 1 次印刷

印数：1—1,500

ISBN 978 - 7 - 5732 - 1538 - 3

E·25　定价：18.00 元

如有质量问题,请与承印公司联系

出 版 说 明

　　蒋百里(1882—1938)，浙江海宁人，名方震，字百里，后以字行。中国近代著名军事理论家、军事教育家。曾留学德国、日本学习军事，回国后先后担任保定陆军军官学校校长及代理陆军大学校长。早年亦醉心研究文学历史，1920 年，他从海外归来，撰写了《欧洲文艺复兴史》，乃我国人士撰写的第一本有关文艺复兴的著作。1920 年 9 月，他主编的《改造》杂志发刊，也极有社会影响。蒋氏一生颠沛于各军阀幕中，在其 30 余年职业生涯中，先后被赵尔巽、段祺瑞、吴佩孚、孙传芳、唐生智、蒋介石等聘为参谋长或顾问。

　　蒋一生精研军事理论及世界军事状况，著述颇丰，有《军事常识》《新兵制和新兵法》《孙子新释》等，《国防论》则是其最重要的军事著作。本书是其考察欧洲各国后对第一次世界大战以来欧美列强经济、政治、军事、文化的总结，吸取了西方新的军事理论和中国古代军事思想，阐明了对国防建设的主张。本书于 1937 年初由上海大公报社出版。

　　本书看似一部专著，但实际上是作者在 20 世纪 30 年代前后的多种类型文字的结集，其中有论文、讲演稿、书评、为他人著作所写的序、《孙子兵法》某些篇段的注释以及旅欧游记，各篇之间并无结构上的连贯性。

　　全书共分为 7 篇。第一篇《国防经济学》，是作者着墨最多的内容。在此篇中，作者强调要根据中国经济落后、民生凋敝的实际，建立一种既可以吃饭又可以打仗的国防力量。作者因而一再称赞曾国藩的湘军,但在北洋军阀和国民党统治下,这一建议自然流于空谈。第二篇《最近世界之国防趋势》,介绍了杜黑的制空权思想和鲁登道夫的总体战思想,提出要建立独立的空军力量,还应建立防空军。他认为,国防军应由四种军事力量组成,即:陆军、海军、空军、防空军。这一说法有其合理性和积极意义。第三篇《从历史上解释国防经济学之基本原则》,极力推崇"生活条件与战斗条件相一致"的国防原则;第四篇《二十年前之国防论》,则介绍了政略与军略,国力、武力和兵力的关系以及义务征兵制的内容等;第五篇《十五年前之国防论》,说明了裁兵、军民防御的意义,对义务民兵制作了详细说明。作者提出了采用义务兵役制,并提出,义务兵役制要训练士兵八年,从第九年起每年都有一届军队复员,回到民间去作为预备役军人,并且可以随时应召参战。但是在国民党统治时期,既无充足的经济力量训练军队,也不可能有八年时间进行训练,因而所谓的义务兵役制无异纸上谈兵。第六篇《中国国防论之始祖》借解说《孙子·计篇》阐明现代国防理论;第七篇《现代文化之由来与新人生观之成立》,系作者关于罗马之游的随笔。作者在本书中所提出的军事思想,在今天看来有一定的参考意义,作为现代军事思想史的资料,也有保存价值。

本次出版据大公报社 1937 年版排印。原书为竖排繁体,现改为横排简体,除了个别异体字进行了适当统一、少数标点符号做了适应当代阅读习惯的修改之外,对其文字内容基本未作改动,以求保持作品原貌。其中在论及希特勒德国之时,将苏联和德国相提并论或进行比较,以及在最后一章罗马游记部分,有关墨索里尼的内容等,反映了作者的政治立场,读者诸君自会甄别。

上海古籍出版社

2025 年 1 月

目　　录

第一篇　国防经济学

导言第一种

蒋方震百里著

与塞克脱将军、佛兰克教授谈话资料

同外国人谈天，要想得到一点益处，有两种办法：第一种，研究他的著作，发见了几个问题，做几句简单的问句，请他答复；第二种，将我自己的意思并疑问，述成一个明了的系统，先期请他看了，然后再同他谈话，比较的议论上可有一个范围。塞将军的"一个军人的思想"等著作并佛教授的替秦始皇呼冤的王道（对霸道）主义，我是知道的。但是我这短短旅行，没有工夫研究理论，我所需要的是解决当前问题。所以我于约期会面之先，草此一文，送给他们两位。结果塞将军因病，又因为忙，仅仅得了五分钟的谈话，佛教授则畅谈两回。今先将此文录如左方：

研究高深兵学的人，没有不感到历史研究的重要。近世德国首先创造了历史哲学，历史的研究蔚成了一种风气，足征德国军事天才的优越。国防事业的坚实，确有学术上的背景的。就中国说来，孔子的最大努力就是编了一部有哲学性的历史——《春秋》。不管他的微言大义对

不对，但他终是努力从客观的事实中，寻出了一个主观的方向，所以《春秋》是中国历史著作一种划时代的创作；因为社会的过程是那样错综复杂，头绪纷纭，要从中寻出几个要点，成立一贯的系统——由此明了一个民族的传统精神，确是不容易的事。中国数十年来创造新式军队，事事只知道请教外人，结果只学得外人的皮毛，（因为外人有外人的传统精神，不是中国人所能学的。）不能深入国民的心性，适应民族的传统，以致节节失败，原因有一部分就在于历史没有研究好。

古时的中国民族，当他走入农业经济时代，就遇着游牧民族的压迫，可是他能应用治水术，编成方阵形的农田（即井田），以拒绝骑兵及战车之突击。这一个方阵，成为一个最小的抵抗单位，同时又成为共同劳作的经济团体。所以中国古代军制即包含于农制之中，所谓"寓兵于农"。春秋两季更有大规模的打猎——有收获的秋季演习——或运动会。这种寓兵于农的精神之发展，后来又造成了长城与运河。这长城与运河就是中华民族精神的象征。

利用农民的乡土观念，做精神武力的基础，其结果有一缺点，就是战术上防守性强而攻击性弱，但是随着经济力的自然发展，他的攻击性是变成迟缓的自然膨胀。如汉、唐、元、清之于陆；唐、明之于海。所以中国国民的军事特色，就是生活条件与战斗条件的一致。我于世界民族兴衰，发见一条根本的原则，就是"生活条件与战斗条件一致者强，相离者弱，相反者亡"。生活上之和平与战斗，本是一件东西从两方面看，但是依人事的演进，常常有分离的趋势。不是原来要分离，因为愚蠢的人将他看做分离。财政部长见了军政部长的计划就要头痛；老粗又大骂财政部长不肯给钱。

近世史上曾国藩确是一个军事天才家，所以湘军虽是内战，但是就国民性看来是成功的。他知道乡土观念是富于防守性的，所以第一步要练成一种取攻势的军队。政府叫他办团，他却利用办团来练兵。他一面办团,利用防守性维持地方,保守他的经济来源;同时又练一种能取攻势的兵。他能在和平的经济生活与战斗的军事生活分离状况之下双管齐下,使分离的变成一致。

但是他的天才所以能发展,却更有一个原因,这就是环境,能给予他及他的左右一种事业的长期锻炼。因为同太平军天天打仗,不行的人事实上会自己倒,行的人自然的得到了权力。但是现在谈国防,谁能用国家的存亡来做人才的试验场呢?

所以我说中国近来衰弱的原因,在于知识与行为的分离。读书的人一味空谈,不适事实;做事的人一味盲动,毫无理想。因此将我们祖先的真实本领(即经济生活与战斗生活之一致)丧失了。

姑就军事来举一个简单的例。不到十年前,一字不识的人可以做大元帅、做督军。他们自然具有一种统御人的天才,但一点常识也没有,在现在怎样能担任国家的职务?反之,在今日南京各军事学校当教官的,十之七八还是终身当教官,没有直接办事的经验。

不仅军事,各社会事业都有此种倾向。这可说是现在的最大缺点,所以现在建设国防,有两个问题须提前解决:

(一) 如何能使国防设备费有益于国民产业的发展?我们太穷了,应当一个钱要发生二个以上的作用。

(二) 如何能使学理与事实成密切的沟通?现在不是空谈就是盲动。盲与空有相互的关系,愈空愈盲,愈盲愈空。

导 言 第 二 种

塞克脱将军与佛兰克教授之回答

因为事前有相当准备,所以谈话时间虽少,却能集中于一个问题。居然得了许多我从前所不知道的材料,和事实进行上的要点,如今为便于读者计,只能把他们的话综合起来,作为我个人的叙述。

天才家,能从现在的事实里找出一条理想的新路的,在中国有曾国藩的办团练兵即军事经济双管齐下的办法。在德国,亦可谓无独有偶的有一位菲列德大王,与曾氏的办法却不谋而合。他第一天即位,就开库济民。有人说他受了中国哲学的影响,(其实这不是现在人所谓东方文化,这是一种农业文化,中欧当时完全是农业社会,所以对于中国哲学容易感受。)在中欧诸邦君间,能懂得"百姓足君孰与不足"的道理。他的军队以佣兵为基础,而且佣的是外邦兵。因为普鲁士人口当时不过二百五十万,而军队到有八万多。如果将邦内的壮丁当了长期的兵,就没人种田,结果会闹成军饷无着。

因为佣的是外邦人,所以他在军事教育上,发明了"外打进"的教育法——(孔子教颜渊以"非礼勿动"为求仁之目)就是从外表的整齐严肃以浸润之,至于心志和同。军事有了办法,他随时注意到国富之增加。传说他想种桑、种棉,以土性不宜未能成功。所以七年战争除得了英国若干补助外,对俄、法、奥四周包围形势下的苦战,而国民生活还能维持过去。佛兰克于此,特别注意说:"你要知道,菲列德的军事经济调和法,虽则现在全变了,但是他还留下一件真正法宝,为德国复兴的基础,这就是官吏奉公守法(精神与组织)的遗传。有了这个正直精神,所以今天敢谈统制经济。"当时君民较亲,官吏中饱之弊,肃清较易。不过他能将此精神,应用到法律的组织上,如制定退伍恩给之类,所以不至于人亡政息,而能遗传下来。

英雄的遗产,是不容易继承的。可是不能怨英雄,只能怨自己。习惯老是引头脑走旧路,而忽略了当前事实的改变。法国革命了,拿破仑出来了,带了一群七长八短的多数民军,到处打胜仗。在普国军官看了十分奇怪。因为拿破仑也得到别一种的军队教育法,叫做"内心发展"。只须有爱国心、有名誉自尊心的法国成年男子,个个是勇敢的兵卒;帽子不妨歪带,军礼不必整齐,他的精神,恰恰同普军相反。不是"外打进",却是"里向外"。这个不整齐的法国民兵,数目上可比普鲁士大得多。

既然要多,那么佣兵是最不经济,而征兵是最经济的了。所以在也纳吃了大败仗以后,却隆霍斯脱遂确定了义务兵役制。

近世经济改革之原动,起于轮船铁路。拿破仑看不起轮船,毛奇却深深地把握着铁路。他的分进合击的战略原理,有铁路做了工具,竟是如虎添翼。七礼拜解决了普奥问题,两个月到了巴黎,完成了德国战略的速决主义。谁知这个速决主义,又害死了人。

因为偏于速决主义,所以许多军事家,想不到国民经济在战争上占的怎样位置。但是当时一般经济学家对于国民经济观念之不澈底,也是一个原因。

当千九百八十七年间摩洛哥发生问题的时候,德国态度很强硬。英、法两国,却暗中联合各国将商业现金存在德国银行的,尽量一提。这时德国中央银行没有预备,遂发生了恐慌。有人说德国态度因此软化,这可以说欧洲大战前,经济战争的预告。

在这时期中,德国参谋本部出版的《兵学季刊》中有一篇《战争与金钱》的研究。(此文我于民国五年为解说《孙子·作战篇》起见曾经译出,托《东方杂志》发表,不幸的遭了奉璧,所以始终没有与社会相见。亦可见当时的人们对此不很注意。)后来又有一篇《战争与民食》研究。偌大一个兵学研究机关,于范围最广阔、事件最深刻的经济问题,战前只有一篇论金钱一篇论粮食的文章讨论到战时经济。民间的经济家也只有一位雷那先生的《德国国防力的财政动员》。

到了八月一号宣战,八号赖脱脑就提出统制原料的建议于政府。

在军政部内因此添设了一个资源局,但是内务部却拒绝了。理由是军事所需的原料,已由军部与商人订约承包,到期不交要受罚的(赔钱)。现在统制原料反可使社会不安。那里知道封锁政策成功,有了现金,还是买不了东西。可见当时以世界经济市场为根据的头脑,对于战争的新经济事实的观察是如何谬误。

慷慨就死易,从容赴义难。义务兵役制实行了百年,说国家可以要人民的命,人民是了解的;世界市场,商业经济之下,说国家可以要人民的钱,可是人民不容易了解。

军事范围扩充到民生问题,而内政上就发生了许多扞格。战事进行中防市侩之居奇,于国民生活必需品,政府加以一定的价格,不准涨价,这是正当的;但是军需工艺品是目前火急所需要,军部却不惜重价的购买。其结果,则工厂发财,农民倒运。多数的农民,投身到工厂去,轻轻地暗暗地把土地放弃了。经济生活,根本的动摇了,社会的不平衡一天重似一天,而百战百胜的雄师,遂至一败涂地。

事实转变太快了,人的脑筋跟不上。可是佛兰克教授还是拍膝嗟叹地说:"咳,不患寡而患不均!"

经过了这场创巨痛深的经验,才渐渐的成立了国防经济的新思想。此种思想,如何而能按照实际发生有效的能率,是为国防经济学。第一篇所发的两个问题,即是国防经济学的成立之基础:

(一) 生活条件与战斗条件之一致,即是国防经济学的本体。

(二) 经济是一件流转能动的事实,所以从事实上求当前解决方法,是治国防经济学的方法。

不过这种学问,在德国来说,又另有一种意义,因为大战以后,德国国力,整整损失了三分之一;这三分之一的力量,又一律加到了敌人方面去。德国民族要想自强,正要从不可能中求可能。人家说巧妇难为无米之炊,但在德国"无米"已成了不动的前提,而生存的火,如果不炊,就是灭亡。所以有米要炊，无米也要炊。说也奇怪，绝处自有生路。他们的方法大概可分为两种：第一，用人力来补充物力。没有地，用义务劳动来垦荒。没有油，用化学方法来烧煤，乃至橡皮、肥料等种种。第二，用节俭来调剂企业。没有牛油，少吃半磅，没有鸡子，少吃一个。可是五千万造炼油厂，七万万造国道，却放胆的做去。照普通经济学说来，有些违背自然原理，但是比俄国没收农产物到外国来减价出售以换取现金，购买五年计划的机器，还算和平得多啊！

导 言 第 三 种

由导言一，可见国防经济学的原则是最旧的。而世界上最先发明这个原则的还是我们的祖宗。可是这个发明，也是经过了一场惨痛的经验，几度的呼天泣血、困心横虑，而后增益其所"不能"的。这就是孟子说的大王事獯鬻。讲尽了外交手段，竭尽所能的珠玉皮币，结果还是"不得免焉"。所谓"穷则通"，因此想出一个又能吃饭、又能打仗的两全其美的办法。到了后来，周公又把这方法扩大了，一组一组的派出去殖民（封建），建立华族统一中夏的基础。一线相传，经过管仲、商鞅、汉高、魏武，一直到曾国藩、胡林翼，还能懂到强兵必先理财的原则。（《读史兵略》第一卷"卫文公"章下胡林翼的唯一批语。）

从导言二，可见这个原则又是最新的。欧洲以前最肯研究兵事的德国也不知道；研究经济学的也不明白。到了战胜之后，凡尔赛会议的世界大政治家还是不知道。所以国联盟约里，要想用经济绝交的手腕来维持和平。乔治·克里孟梭在一九一九还要抄一八〇九年拿破仑失败的老文章。殊不知经济绝交，只能用之于战时，不能用之于平时。因为人们可以禁止他斗争，而不能禁止他生活。但是能够生活，就能战斗。战斗与生活是一件东西。德国之复兴、意大利发展之可能性，都是根据这原理，而同时却是受国联盟约刺激而来。

但是要想解决中国当前的国难问题，复古也不行，学新也不行。还是从新古两者中间再辟一条路。如今且从世界全体状况来说起，所谓国力的原素（战斗的与经济的是同样的），可以大别之为三种：一曰"人"，二曰"物"，三曰人与物的"组织"。现在世界上可以分为三组：

第一组三者俱备者，只有美国。实际上美国关于人及组织方面尚有缺点。所以美国参谋总长发过一句牢骚话说："如果开战，我们要把那些破烂铜铁（就指现在的军实）一起送到前线去，让他去毁坏，只教能够对付三个月，我们就打胜仗了。"这句话的意思，是表示他国内物力（包含制造力与原料）的充足，而因为商人经济自由主义太发达，政府无法统制，不能照新发明改进。所以说人及组织上有些缺点。但是这个缺点，有他的地势，并制造力之伟大，人民乐观自信心的浓厚，补救得过来。

第二组是有"人"有"组织"而"物"不充备的，为英、为法、为德、为意、为日，以及欧洲诸小邦。这里面又可分为二种：第一种如英如法，本国原料不足而能求得之于海外者。物的组织长于人的组织。第二种如德如意，原料根本不够专靠人与组织来救济。

第三组为有"人"有"物"而组织尚未健全者，为俄。

今日欧洲人所劳心焦思者，重点偏于物之补充，所谓基础武力Force Potentielle 者，即是此义。至于人及组织之改善，要皆由于物之不足而来。故若将今日欧洲流行之办法强以行之中国。其事为不可能，抑且为不必要。

盖今日之中国亦处于"人"有"物"而组织不健全之第三组，而中国之生死存亡之关键，完全在此"组织"一事。此在稍研究德、法两国历史者皆可知之。菲列德、拿破仑军事行动的天才，不过为今日战略者参考之具，而其行政系统之创造保持，则迄今百年，而两国国民实受其赐。

德国之外患经两度,法国之内乱经四度,皆几几可以亡国,而不到二十年即能复兴者,此行政系统之存在故也。故中国不患无新法,而患无用此新法之具。譬如有大力者于此,欲挑重而无担,欲挽物而无车,试问虽有负重之力,又何用之?

今日中国行政范围内未始无系统之可言,如海关,如邮政,确已成功一种制度;虽不敢谓其全善,但较之别种机关,已有脉络可寻。故今日欲谈新建设,则内而中央,外而地方,皆当使一切公务人员有一定不移之秩序与保障,此为入手第一义。

我说中国最没出息一句流行话是"人亡政息"。(这一句话是战国时代以后造出来的,孔子不会说,孔子时代是政息而人不亡。)天天在那里饮食男女,何至于人亡?政治原是管人,人亡而政可息的政,决不是真正好政。像一大群有知识的人,内则啼饥号寒,外则钻营奔走,而负相当职务的,又时时不知命在何时,谁还有心思真正办事?

官吏有了组织,在国家说来,是政府保障了官吏。在个人说来,实在是官吏被质于政府,他的生命财产名誉一辈子离开不了他的职务,然后政府可以委任以相当责任。德人有一个专门名词,名曰"勤务乐"。这个勤务乐是与责任连带而来。若如现在的一个衙门的公事只有部长一人画稿负责,这勤务乐就永久不会发生,而且一定弄到事务丛脞。拿了这样朽索,来谈今日世界的物质建设,可以断定三百年不会成功。

官吏组织不过是最小条件,现在要谈全国的社会的组织问题,则范围更大而深刻了。原来中国现在还脱离不了农业生活,而农业生活单位组织的家庭制度,已经破坏无余。周代的宗法,财产传长子,是农业的标本精神。(日本现在民法还是如此,所以新兴的知识阶级都是次男。)不知几时发生了平分财产的习惯,一个较好的中农阶级经不上二代就把他的土地分得不成样的零碎。不仅如此,一个家如有两个兄弟,不是互相推诿,就是互相倾轧。(德国从前有限制分地法,因为德国民法也是平均分配于子女,所谓两马劳作单位,是农田以两个马一天所能劳作的范围为最小单位,此单位不准分割。)

　　所以到今日,先生们有的还在那里攻击礼教,有的还在那里想维持礼教。其实一只死老虎,骨头已经烂了几百年。一个还要寻棒来打他,一个还要请医生来打针,岂非笑话?

不过人类总是有群性的,而经济生活总是由彼此互助而发展,这里面本有天然的组织性。如果仔细考察,就可发见新组织的办法。这种办法不外乎两条路,而应当同时并举:一条是地域的组织,一条是职业的组织。

农民之爱土地,可说是爱国心的根苗。土地依天然之形势,自有其一定之区划,顺其自然之势,而国家所注重者,只在这许多个重要的神经结。这个神经结在军事上名之曰战略要点。然同时又必为经济中心,在中国幅员广阔的国家,这几个神经结,应该由中央直接管理,而其余的地方不妨委之于地方自治,而中央为之指导。自治之单位应从地方之最小单位起。而提倡每单位间之共同利益,及单位与单位间之互助,为政府指导之大方针。

职业的组织应以固有的同业公会为基础:(1)凡业必有加入公会的义务。(2)业必须由国家分类其数不可过多。(3)公会办事员应由同业选举,而秘书长应由中央选任。(4)各地秘书长应隶属于国家最高经济会议。

“工欲善其事,必先利其器。”我们现在这个“器”还不曾完备,而即刻想直抄外国的蓝本,必至有其名无其实,而地方会发生种种危险。但是经济与国防两件事是天然含有世界性的,所以件件又必得照外国方法做。又要适于国情,又要适于应付世界,这中间有俟乎所谓“组织天才”中国的管子、商鞅,外国的菲列德、拿破仑,就是模范。

第二篇 最近世界之国防趋势

第一章 世界军事之新趋势

叙言

龚孟希兄因为我刚从欧洲道由美洲归来,《军事杂志》又适以此题征文,乃转征及于我。起初很高兴,但执笔的时候,忽觉头痛,何以故?因为对着题目一想,就有两种深刻惨痛之思想隐现于脑际:(1)不错,我是刚从欧洲回来,可以晓得现在最近世界军事的形势;但是我所见的事,所读的书,是一九三六年的,却都是一九三五年活动的结果;譬如我目前,所有最新的军事年报,题目是一九三五年的世界军备,而内容所说的,却是一九三四年的实迹,在我为新,在彼为旧,拾人唾余,以自欺欺人,良心上有点过不去;(2)德国的游动要塞(就是国道),一动就是几万万马克;法国巴黎的工厂搬家费(为防空故),一动又是几万万佛郎;到最近的英国白皮书,那一五万万磅的,更可观了!军事之所谓新的就是建设,在今日中国,几乎没有一件是固有经济力所担任得起的;那么谈新趋势,岂不是等于"数他人财宝",说得好听,做不成功。——但是后来,这两种苦痛,到底用两句成语来解决了,第一句是:"温故而知新",第二句是："天下无难事,只怕有心人"。所以征文的题目,是"新"趋势,我却要谈几件"故"事。征文的题目,是"军事"之新趋势,我却要谈一点"经济"的新法则。如果责备我文不对题,我是甘受的。

故事先从普法战争说起:第一件,是师丹这一仗,拿破仑第三,以皇帝名号,竟投降到威廉一世之下做俘虏。他投降的时候,说一句话:"我以为我的炮兵是最好的,那知道实在是远不及普鲁士,所以打败了。"拿破仑倒了,法国军人可是镂心刻骨记得这句话,于是竭忠尽智的十几年工夫,就发明了新的管退炮。这种快炮,在十九世纪末,震动了欧洲的军事技术家。德国也自愧不如,所以改良了管退炮之外,还创造了野战重炮来压倒他。但是俗语说得好:"皇天不负苦心人"。法国军人,以眼泪和心血发明的东西,到底有一天扬眉吐气。时为马仑战役之前,德国第一军、第二军从北方向南,第三军从东北向西,用螃蟹阵的形式,想把法国左翼的第五军夹住了,整个的解决他。法国左翼知道危险,向南退却,德国却拼命的追。在这个危期中,法国第五军右翼的后卫,有一旅炮兵乘德国野战重炮兵不能赶到之前,运用他的轻灵敏捷的真本领,将全旅炮火摧毁了德国一师之众。横绝的追击不成功,害得今天鲁屯道夫老将军还在那里叹气说:"谁知道法国拼命后退,包围政策不能成功。"(见《全体性战争》。)而贝当将军,因此一役,却造成了他将来总司令之基础。我们要记得有人问日本甲午战胜的原因,日本人说"用日本全国来打李鸿章的北洋一隅,所以胜了!"

所以拿破仑败战的是"故",管退炮的发明是"新",由管退炮而发展到野战重炮,是由"新"而后"故"。而法人善于运用野炮收意外的奇功,则又是"故"而翻"新"。

普法战争的时候,铁道在欧洲已经有三十几年的历史了。老毛奇领会了拿破仑一世之用兵原理,便十二分注意到铁路的应用,将动员与集中(战略展开)两件事划分得清清楚楚。于是大军集中,没有半点阻害。但法国当时也有铁路,也知道铁道运输迅速,却将他来做政治宣传材料,(法国当时想从速进兵来因,使南德听他指挥。)不曾把他组织的运用:动员与集中,混在一起。预备兵拿不到枪,就开到前线,拿了枪,又到后方来取军装,闹得一蹋糊涂;所以宣战在德国之先,而备战却在德国之后。法国的主力军,不到两个月就被德军解决。这是法国军人的奇耻大辱,所以战后就添设动员局,参谋部也拼命研究铁道运输法,结果不仅追上了德国,而且超过他,发明一件东西,名曰调节车站制。这调节车站的作用是怎样呢? 譬如郑州是"陇海"、"京汉"铁路的交叉点,这郑州就是天然的调节车站。这个站上,有总司令派的一位将官,名曰调节站司令官。底下有许多部下,必要时还有军队(为保护用)。部下幕僚多的时候,可以上千。他所管辖的路线,有一定区域,在他桌上有一张图,凡区域内的车辆(此外军需品等不用说)时时刻刻的位置,一看就可明白。所以总司令部调动军队的命令不直接给军长、师长,而直接下于调节站司令官,站司令官接了总司令的命令,立刻就编成了军队输送计划。这张计划,只有站司令部知道,他一面告诉军长,第一师某团应于某日某时在某站集合,一面就命令车站编成了列车在站上等候军队。这种办法,不仅是简捷便利,而且能保守秘密。这是欧洲大战前法国极秘密的一件鸿实(可是曾经被一位日本皇族硬要来看过),果然到了马仑一役,发挥了大的作用。福煦将军之第九军,就是从南部战线上抽调回来而编成的。要是没有这调节站的组织,南部战线抽出来的军队赶不上救巴黎,战败之数就难说了。

　　所以铁路创造了三十年是"故",毛奇却活用了,成了他的"新"战略。法国人又从毛奇运用法中,推陈出新的创造了调节站,把老师打倒,可见有志气的国民,吃了亏,他肯反省,不仅肯虚心的模仿人家,而且从模仿里,还要青出于蓝的求新路。

普法战争以后,法国人自己问,为怎么我们会失败? 现在这个问题,发生在德国了,为怎么大战失败?

最要紧的,要算是英国封锁政策的成功,原料,食粮一切不够,经济危险,国家就根本动摇,国民革命,军队也维持不住,所以在战后,痛定思痛,深深了解了一条原理,是战斗力与经济力之不可分;这原理的实行,就是"自给自足",不仅是买外国军火,不可以同外国打仗,就是吃外国米,也不配同人家打仗。

因为经济力即是战斗力,所以我们总名之曰国力。这国力有三个原素:一是"人",二是"物",三是"组织"。如今世界可以分做三大堆,三个原素全备的只有美国。有"人"有"组织",而缺少"物"的,是欧洲诸国。所以英、法拼命要把持殖民地,意、德拼命要抢殖民地。有"人"有"物"而缺少"组织"的,是战前的俄国,大革命后,正向组织方面走,这是世界军事的基本形势。

在这个形势下,最困难同时又最努力的,当然要算德国;因为大战失败后,经济主要物的"钱"是等于零,"物"又整整减少全国三分之一,加到敌人方面去,现在只剩有"人"与"组织"。在这绝路中,巧妇居然发见了"无米之炊"的办法。所以我说:"天下无难事,只怕有心人。"

这个办法,德国发明了,世界各国总跟着跑,这就是世界各国现在取消了财政总长,换了一位经济总长。而这位总长的全副精神,不注重平衡政府对于国内的岁出岁入,而注重在调节国家对外贸易的出超入超。海关的报告书,比国会的预算案增加了十倍的价值。原则是这样的,凡是要用现金买的外国货虽价值不过一毫一厘,都要郑重斟酌,能省则省,凡是一件事业,可以完全用国内的劳力及原料办的,虽几万万几十万万尽量放胆做去,所以现在德国一会儿没有鸡蛋了,一会儿没有牛油了,(因为农产不够须从外国输入。)穷荒闹得不成样子,可是一个工厂花上了几千万,一条国道花上几十万万,又像阔得异乎寻常。

国防的部署，是自给自足，是在乎持久，而作战的精神，却在乎速决，但是看似相反，实是相成；因为德国当年偏重于速决，而不顾及于如何持久，所以失败。若今日一味靠持久，而忘了速决，其过失正与当年相等。

有人说："大战时代的将军，都是庸才，所以阵地战才会闹了四年，如果有天才家，那么阵地战决不会发生。"现在天空里没法造要塞，空军、海军，都是极端的有攻无守的武力，所以主帅底根本战略，还是向速决方面走。

新军事的主流，是所谓"全体性战争"，在后方非战斗员的劳力与生命，恐怕比前线的士兵有加重的责任与危险，而一切新设备之发源，在于国民新经济法的成立；"战争所需要，还是在三个'钱'字。"（意大利孟将军之言。）

德国人第一步，是经济战败，第二步，却是思想战败。思想问题，可是范围太大了，姑从军事范围内来说明：却好有去年，国防总长勃兰堡元帅为《兵学杂志》做的一篇短短的宣言，不仅可以看见将来兵学思想的趋势，还可以作我们杂志的参考：

德国国防的新建设，及未来战争的新形式，给予我们军官的精神劳动以新的基础及大的任务，所以有这新成立的兵事杂志。

他是严肃的，军人的，精神劳动之介绍者；如同从前的《兵事季报》在军官团统一教育上负有绝大的工作，今日这种新杂志，是真（学术的）和光（精神的）之新源泉，即是从"知"到"能"的一条坚固的桥梁。

（注）德军官有句成语："不知者不能，从知到能又要一跃。"因为要一跃，所以他说一条桥。

有三个原则可以为《兵学杂志》之指针：

（一）一切既往的研究，如果不切于现在及将来的事实，是没有用的。

（二）全体比局部重要。细目在大局里，得到他的位置。

（三）思想的纪律，包含于军纪之中，著者与读者须同样负责。

这三条指针须加以简单说明：

第一条解释　十九世纪的初元，德人好为玄想，（故有英制海、法制陆、德制空之讽词，此空非今航空之空，乃指康德之哲学。）矫其弊者，乃重经验，重历史，其实加耳公爵（德国第一人战胜拿破仑者）言"战史为兵学之源泉"的原则，仍是不变，而德人后来不免用过其度。最近意大利杜黑将军之《制空论》一书，刺激了许多青年军官的脑筋。望新方向走，杜将军反对经验论，以为经验是庸人之谈，以创成其空主陆（海）从之原则。他的立论，在当时虽专为空军，但是思想涉及战争与兵学之全体。他的运用思想方法，也别开生面。杜黑可名为最近兵学界的彗星，能运用杜黑思想于陆军，恐怕是将来战场上的胜者。这是勃元帅新的急进派的理想，而可是用稳健的态度来表明。

第二条解释　十九世纪下半期，德国科学大为发达，而军官又以阶级教育之故，有专识而无常识，故世人讥之为显微镜的眼光，言其见局部甚周到，而忘其大体也。当年德国外交经济乃至作战失败原因，未始不由于专家太多，看见了局部，看不见全体之故。

第三条解释　"一国的兵制与兵法，须自有其固有的风格。"此是格尔紫将军之名论。现在兵法，仍分为德、法两大系。英接近于德，俄接近于法。德国自菲列德创横队战术，毛奇加以拿破仑之战争经验而活用之。普法战争前，十七年工夫，其大半精力费于教育参谋官，使其部下能确切明了，而且信任主帅战法之可以必胜，在毛奇名之曰"思想的军纪"；故德之参谋官，随时可以互调，而不虞其不接头，此德国军官团之传统精神也。大战失败以后，理论不免动摇，近时著者，对于许立芬、小毛奇、鲁登道夫，乃至塞克脱将军之议论，不免有攻击批评之态度（近日已禁止），故勃将军郑重声明，欲恢复其固有之传统精神也。

第二章　兵学革命与纪律进化

四月一日在中央航空学校讲

奉委员长命令，并蒙蒋副校长之招待，兹将最近在欧洲视察所得，择其大要，与诸位一谈：

在未讲本题以前先要将我们的祖先，我们的民族英雄，他的尸骨现在还能照耀湖山而发生光彩的岳武穆所说"运用之妙，存乎一心"两句话来解释一番。这是岳武穆由于经验得来的一句兵学革命的名言，同时即是现代实战的方法。但是过去一般不懂军事的人却解释错了。他们断章取义把"存乎一心"误解为存乎主帅一人的心——就是看重了一个心字，而把这个"一"字看轻了。原来这个"一"字，应当作为动词解，不应当作心字的形容词解。书上明明说着武穆好散战，宗泽戒之，武穆答曰："阵而后战，兵法之常。运用之妙，存乎一心。"阵字用现代兵语讲，就是"队形"。队形的作用，就是使多数人能够一致动作。譬如检查人数，要是一百个人东一堆、西一堆，一时就数不清；如果排成两行，一看就明白。所以战斗要用横队，就是要使多数人能在同一时间使用武器。运动要用纵队，就是多数人能容易变换方向，适合于道路行进。所以用外国战术演进史来解释，阵而后战的"阵"就是德国菲列德式的横队战术。"散战"即是"人自为战"，即是拿破仑的散兵战。岳武穆是发明中国散兵战的人。（不是因为当时的武器，是因为当时的军制。）

人自为战最要注意的问题，就是特别须要纪律，就是特别须要一致。诸位学过陆军的，都知道现代战争要把队伍疏开成散兵线才能作战，但队伍成了散兵线之后，须利用地形，故队伍不必求其整齐，放枪也不要求一起，各人各利用地形，各人各描准，这一种自由的纪律，比规定的死板的纪律要强得多。所以岳武穆说："运用之妙，存乎一心。"这就是说，有纪律的人自为战，在形式上差一点，是无关紧要的，最要紧的是精神上的一致。倘精神纪律能够一致，一定可以打胜仗。这种理论，岳武穆与拿破仑所发明都是一样的。我们知道，当法国大革命时，拿破仑统率一群训练时间很短的民军，把欧洲许多国家已经训练了一二十年的老兵打个败仗，就是有纪律的人自为战的结果。

讲到军队纪律之进化，可分三大段：

第一阶段，纪律是靠法——也可以说是用刑——来维持的。在野蛮时代练兵方法都是用刑法来督责士兵，不听话不服从便打他，甚至于杀他，因为在野蛮时代，不用刑罚，便无法统率士兵。德国在十八世纪，也是佣兵制度，尤其是普鲁士都是佣外国人当兵，与外国人打仗，使自己的百姓能从事于耕种，以免军饷无着。普鲁士起初都是训练外国兵，士兵稍有不对，立即鞭挞，故普鲁士之练兵方法，以严格著称于世，这完全是以形式来树立军纪。

第二阶段，军纪是依情感来维系的，这比较用刑法来维持的算是进了一步。用情感来维系军纪，可以分为两方面来讲：一种是官长待士兵很好，上下感情融洽，士兵由于情的感动听受官长的指挥；另一种则因后来兵额扩充，兵与兵之间发生感情，或由于同乡同省的关系发生感情，来维系军纪。（参观下文《军队教育》章。）

但是历来带兵的人，总是法与情两者并用的，这在中国就是所谓"恩威并济"的方法。

第三阶段，现代由于兵学革命，纪律也跟着进化，到了自由——也可以说是自动——的时代，军纪还可以自由吗？为什么现代军纪要进化到自由的地步呢？先要知道自由的意义。我说靠"法"或"情"来维持的军纪，都不是真的纪律；真正的纪律，绝不是国家的法律或官长的情感所能勉强养成功的。现代的纪律要由各人内心自发的，尤其是空军的纪律非走上自由——自动之路不可。就以最易统率的步兵来讲，在欧战初期，在阵地上连长还可以照顾全连的士兵，但是到了欧战末期，武器进步，不仅连长不能照顾全连一百多名士兵，就是一个排长，在战场上有时也照顾不了一排的士兵，你要照顾士兵，就先受到伤害。所以现在各国不仅要空军能各个独立作战，就是向来最易统率的步兵，也要养成各个均有单独作战的能力。要养成这种纪律，绝不是外力所能造成的，完全要由内心自发的。在军事教育上本来是有两种方法，一种叫做"外打进"，一种叫做"里向外"。"外打进"的方法，就是从外表仪态的整齐严肃，行动必须规规矩矩，(孔子教颜渊非礼勿动，非礼勿视，非礼勿听，为求仁之目。)以浸润之，使心志和同，养成纪律。至于"里向外"的方法，这是拿破仑所发明的，其教育方法是启发其爱国心、自尊心，使人人乐于为国牺牲，但外表则不甚讲求，故帽子不妨歪戴，军礼不必整齐，然而实际作战，便能得到非常的成绩。当法国在大革命时，人民不管自己对于枪会不会开放，但是一听到"祖国危险了"的口号，成千成万的人便自动的拿起枪杆上前线与敌人作战。法国有一张图画，是纪念革命时代人民爱国的心理，其图为一家族，有绝美的太太，有极可爱的小孩，同男人正在一桌吃饭，忽然门口飞进一张纸条，纸上写了"祖国危险了"几个字，于是男人就放下饭碗夺门而出，踊跃赴战场应敌。那时法国四面都是敌人，而且敌人的军队都经过长期的训练，论武器亦较法国民军优良得多。但是法国民军作战的精神，个个都勇敢非凡，所以在拿破仑未出世之前，法国一个国家，已经可以抵抗全欧洲的敌人。故自法国革命以后，便可以证明人民为国牺牲是无可留恋的，军事教育虽然有分"外打进"、"里向外"两种，但是现在各国练兵方法，都不偏重于一种，而是两种并用的。他们军事家一致感觉，必需训练使他们的士兵没有长官而能打仗,这才是好军队。近代战争要人自为战,并且每个人都要由内心的自觉来遵守纪律,这才是近代最进步最高等的军纪。

说起自动的守纪律,我可以用写字来做比喻,比方我们写信给朋友,往往觉到字写得不好看,要重新写一遍,其实对方朋友并没要求我的字写得怎样好看,这就是由于自己的兴趣所发动的,非如此便感觉不痛快。又如做文章,往往改了又改,这都是自求满足的精神的表现。现在军事上由于兵学革命,纪律非出于自动不可,比方现代战争,一个连长在战场上无法可以照顾全连人,所以连长在平时要教导士兵,到了战时,在战场上能照他所讲的自动去做,这算是一个好连长。空军的纪律尤其要出于自动的,倘使飞行人员不能自动的守纪律,司令官要他去担任某种任务,他却驾了飞机在天空乱飞一阵回来,至于是否达到任务,司令官耳目不能看到,自然不得而知。所以我说空军的纪律,必要出于自动,才算是一个现代的空军战斗员。

现在再讲自动纪律的意义。先要明白个人与社会的关系。墨索里尼解释个人的说法,他说,个人是由于过去无数代的祖宗所递遗下来的,个人也可以遗传未来无数代的子孙,所以个人是社会造出来的,个人是属于国家的群众的,个人的发展,也就是社会全体的发展。所以个人可以说不是自己的,是国家的。我们中国在"九一八"以前,国内党派很多,彼此意见不能一致,但自"九一八"以后一直到现在,全国民众对于中央政府及蒋委员长均一致竭诚拥戴爱护。这就是国民走上自动纪律道路上的证据。以前在军队里如果大家不能一致,长官就要用刑罚来督责你,现在我们整个国家不能统一,民族意志不能一致,上帝的刑罚就要加到我们头上来,而这种刑罚不比普通的刑罚,它可以使你亡国灭种,几代不得翻身。

再从纪律的进化讲到兵学革命:

最近我看航空杂志上有人为文介绍杜黑主义。杜黑这个人原来是学炮兵的，后来又学空军，欧战时候，因为大胆的说明义国队军的不行，曾经坐了一年牢，后来义军大败，研究原因，原来都是杜黑当年所报告指摘过的，所以战役将终，又恢复原官升为将官。他的理论在十年前英、德、法各国军事家都当他是一个疯子或理想家。他的理论，自成一派，可是在十年之后，现今世界各国军事学家，都很注意研究他的主义，并且看到有一法国军官研究杜黑主义，著成一部专书，法国贝当大将并且做了一篇很长的序文，现在德国人又将它翻译。杜黑主义的立论虽系以空军为对象，现在海军是否已受其影响，我不是海军专家，不能肯定下断语，但是陆军现在已走上杜黑主义之路，所谓杜黑主义，盖即采取新攻击精神的战术是也。（杜黑主义后文另详）

　　将来战争，要怎样才能致胜呢？我可以说，陆军强不中用，海军大不中用，空军勇也不中用；将来得胜的要诀，你要从陆海空中间去寻。这个方向是杜黑发明的，可是现在欧洲的战略家，还在东走走西走走，没有得到确定的路线。有几个人，不自觉的走上这条路，居然成功。现在同诸位空军官长说，我先举一个例，你们知道义国巴而霸空军飞渡大西洋的成功罢。但是要知道，这不是专是空军做的事，他在二三年前，飞机还在打图案时代，已经派了许多巡洋舰，在那里测量气候了，空军飞行的路线是海军定的，所以人家说林白的飞行成功是勇气，巴而霸的飞行成功是头脑。这件事是未来大战术的一点光，诸位须要切记的。

　　我如今再从战史上讲一件事，作为诸君用心的基础，我们现在这个"师"字，欧洲原文叫做 division，这个字的原义，是分的意思，在十八世纪时代，步兵骑兵炮兵大概各自集团使用，拿破仑就能将迟重的炮兵，轻快的使用。所以能将步骑炮三兵种联合起来，组成一个能独立作战的师，而以师为作战的单位，这个单位的发明，是战术上的一大进步。现在各国陆军大学研究战术，都以此为基础。我的思想，将来的空军就是骑兵，海军就是炮兵，陆军就是步兵，但是现在各国还没有一最高大学,来研究陆海空三兵种一致作战的办法。这是世界留给我们发展能力的余地,我们不可辜负了他的美意。

明明是步骑炮三兵种联合起来,才成功一师,那么师字的意义,应当叫他"合",何以又取"分"的意义? 这里面含有很深的意思,因为样样都有(合)才能独立(分)作战,合与分有联带的条件,这不仅是战争的真理。也就是人生生活的原则,如果种田的人反对织布的人,那么他有饭吃他可没衣穿,推之百工的事都是一样。所以要"合"才能"分",同时又可以说要"分"才能"合"。

如果从表面来说,从前各国空军有的是隶属于陆军的,有的是隶属于海军的,这不是空陆、空海联络格外容易些么? 那知道这却是走了合的反对方向。现在主张研究陆海空联合作战的人,没有一个不主张空军独立的,因为空军能独立,所以才"要"联合,才"能"联合,这与上文所谓"自由——自动的纪律"精神相一致。我们知道下等动物其组织最为简单,饮食、消化、生殖,都靠一种机关。生物愈进步,分功的机关愈多,而他的能力愈大,而统一的运动愈巧妙,譬如吃菜要各味调和,譬如听乐,要各音合奏,这才是统一是联合,不然就是"孤立"、"杂凑"。孤立与统一,杂凑与联合,形似而精神不同,这是千万要注意的。

我们单就陆军方面看,回想三十年前的步骑炮兵,真是同"亚米巴"(生物之最初)一样,一团步兵,一律的各人一杆五向毛瑟,有到一尊机关枪,以为新奇,但是现在一连步兵里,就有轻机枪、步枪、掷弹枪、手榴弹等等四五种武器,一营一团,更加复杂了。我们须要觉悟,器械如此的一天一天的复杂,就是一天一天的要求着我们的精神的统一。

各国的陆海空军,都是望着统一联合的路上走,但是有一种困难,就是找不到一个真正能够统一指挥的人。如同日本,名义上当然是皇帝,但是实际办事,陆军参谋总长同海军军令部长就立于对立的地位,彼此不相下。陆军捧了皇帝的叔叔出场,海军就推举了皇后的姑丈,因为寻出一个能够统御全军的人物，不是一时所能做得到，而在历史上看来几百年不容易寻出一个来，现在英、美、法、德都感着十二分的困难。我们应当欢喜，我们应当小心，我们现在有了天然造成的陆海空唯一的领袖，譬如大金钢钻石，几百年才发见一个的，我们应当如何保重他！

新战法的方向，是找到了，但是我们还要研究前进的方法。杜黑却发见了一句很重要的话，他说"未来之于现在较过去为近"。这句话很有极深的意味。我在视察欧洲战事回来，曾经说过，世界的物质总是向着新方向走，但人类的脑总是向过去回忆。所以思想的进步比物质的进步慢，我想这个意思，很可以解释上文杜黑这一句话。

德国人从前总是老气横秋的讲经验，讲战史，可是现在国防部长，告戒部下，在《兵学杂志》第一期第一条就说："一切过去的研究，如不切于现在与未来的事实，是没有用的。"法国贝当将军批评杜黑说："他是一个革命党，他的理论虽有些邪气。但是他的方法，的的确确是正统派，是古典派。"

可见杜黑的新学说，已经动摇了德法两大国军事首领的精神了。

人类的脑筋，跟不上世界的进步，这是很奇怪的真理。欧洲大战后，各国的代表，都是当时第一流人物，但是在凡尔赛签订和约的时候，这许多第一流人物的政治家，便想出种种方法来限制德国的军备。但是他们的根本思想，都是从过去着眼，所以他们的限制条件，却反转来做了德国军事复兴的基础。

比方限制德国军舰不得过一万吨，德国却因此发明袖珍军鉴，其使用比三万五千吨的大军鉴更加便利；限制陆军不得过十万人，德国把这十万人做下级干部用，造成了义务民兵制的基础；禁止设陆军大学，却使德人发明了参谋班的办法，其成绩比老在一个学堂里好。最后英国人还有一件法宝，就是经济绝交。当欧洲战争时候，这个方法的确有效，但是到了和平时代，德国却因此使工业化学得到长足的进步，没有汽油用煤来炼，没有橡皮用化学来制造，再进一步，就建设了国防经济学，使平战两时的国民经济发生了根本的联合。现在英、法、俄诸国倒反过来要去学他。

有一位老军官告诉我说："世界发明一种新兵器，在战时要二年的经验，在平时要二十年的经验，才能真正会使用会发挥他的长处，如同机关枪、战车都是这样。"我希望我们大家在陆海空三军统一作战的眼光下，来发扬我们唯一领袖的威光——实行我们领袖呕心沥血而创造成新兵力的神圣职务；我们还须记得，上文所谈兵学革命，不过仅仅是一点曙光，一个种子，我们还要用一切的劳力来切实追求这一点光，还要用眼泪和鲜血来切实的培养这一颗种子。

第三章　介绍贝当元帅序杜黑制空论之战理

我要郑重介绍这一篇文字，在欧洲就看见此文的德文稿，我不敢骤译，特请庄仲文兄求得其原本，先以法文原本翻译，再取德文以为参考。因为法文本来简洁，而欧洲名将作文，向有一字千钧之例，所以一字咬不明白，就会以误传误。此篇所译，虽字义或有未妥处，然其意义总不至于不明白。

何以我对于此文译稿如此郑重，因为这是未来战理，即新战略之曙光。

欲明未来先谈过去。我是先在日本军队中研究德国战术，他们根本是一条路线，老师教一句记一句，自己尚不会用思想，后来到德国读了德国战术著述家巴尔克的《德法两国战术之异同》才发生对于法国战术的兴趣，才知兵法(包括战术与战略)有种种的不同,才知道一国要有一国固有的兵法,不可盲从,不可硬造。德法两国战术的不同,如今不能细说。举个比方,德国是外家拳,法国是内家拳。我后来读了曾国藩的《得胜歌》,深深地感觉到湘军的战术是有些法国风味。至于国民革命军战术的成功,令人完全回想到拿破仑的散兵纵队互用战术。

后来又详细研究《孙子》,又感到中国兵法实兼有德法之长,颇发野心,欲会而通之,以建立我中国固有之兵法。但是两种风度还是绝然不同,如何能够会通还是困难。

最近到德国又看见德国的新战术,才觉得会通是可能。说也奇怪,如今德国人采用了法国战术,法国人却有些德国风味。

现在德国军人开口闭口总是说"重点",一个连长的口头命令,也要指明白重点在那里,又有所谓步步为营法不仅是前进攻击,而且背进退却也是一步一步。这多是从前没有的。而塞克脱将军,所主张空军和地上部队(即陆海军)同时的攻击,实在是法国当年支队战术的变相。所谓支队战术者,是诸兵联合的一部队,突进于主力之前,一方破坏敌人的交通及前进,一方是掩护自己主力的集中和运动之秘密。(这是弱国对强国唯一取胜条件。)而法国军事专家,近来也承认包翼运动(以前是中央突破)之可以得最大效果(唯优势才能包翼)。

所以我现在得到了一个综合原则:

(1)兵法的确定是必要的(确定是预备将来);

(2)兵法的固定是不可的(固定是固守旧习),而"不为"与"迟疑"是兵法之大戒。

杜黑将军的著作,在十年中扰动了义大利军界,对于这个新战理的辩论,成了一个很可珍贵的教训。但他只有几个回声侵入法国,所以在法国对于此问题，不过有片段的研究，整个的原理尚没有认识。

原理的根本和论战的结果，由伏几安上校很明了地发表了，他将新的研究和反省的资料，供给于拟问未来战争状态为如何的大众。

杜黑的推论，虽然采取革命态度——将已经公认之原则，加以重新估值——但他的理论根据，仍旧是很切合于传统的。结论或者歧异，他的出发点和方法是正确的。

他说"总是武器的威力决定了战争的方式"，所以一种完全新式的武器——飞机——的出现，将几千年以来的战争概念推翻了。

他理论的根本动向是在寻找战争的最大效率，这个效率要向最高阶段上去寻，就是要向国家整个的武力上求得其效率之极限。

（注）所谓经济效率，如义国海不如英，陆不如法，国家财力，即求一种胜于人，亦不可得，于是专力空军，而以陆海副之，卒收东菲发展之效。

关于陆海空军专门的特殊的情形，在理论中排除了，对于某种武力问题，一定要等整个问题解决了方才讨论。

整个原理在先将各种武力的任务规定，从这里再决定他们的组织。

空军可以使用于各种范围即帮助各种战斗分子——陆、海、防空——以外，他又能在敌国领土上独立作战。发生直接的作战效果，所以空军应组成总预备队使适合于各种活动。

战争的任务有二种：

（一）守御的任务，其目的在破坏敌人之胜利。

（注）读者千万注意这句话，在一条线上等敌人来攻击，这不是"守"，这是等死。德国人从前专守一条线，是战术上的大过失，所以现在讲步步为营法。

（二）攻击的任务，其目的在自己求得胜利。

守御有了充分的工具，则其余整个的武力可以运用于决胜的攻击，其原则在"集中全力于决胜点"。杜黑选择了空中攻击方法，因为飞机是绝对的攻击工具，无法用于防御的，在这基础上建设了他的理论，所以各种武力的价值不能不重新估定。

最高司令部要完全改组。国家武力分为四种：陆军、海军、空军、防空军。都应当放在一个司令之下，由他来负他们分配之责。

各方面军的指挥部，受命于最高总司令部，依他们的任务，适当的取得所要的工具。照这样才能使作战向唯一的目的上进行。各军的任务，何者应攻，何者应守，应以国家整个形势上着想，而统一于一个最后目的之下。

向来各自独立作战的陆、海、空军的联合行动，是取消了，现在不是"联合"，是"统一"了。力量不分散，都指向同一目的，他们可以发挥最大效能。

杜黑所采配合方法是将陆军和海军定为防御的，而以攻击任务专责之空军。这是所谓"武力的经济使用"原则之直接应用和扩大。空军攻击的目标至为远大，他致力于减弱敌人的战争潜能，不仅攻击武力本身，且攻击武力的根本，他的目标，是在敌人的土地上。对于敌人的空军，空军远征队自己具备有组织的火力可以自卫。

全部组织的目的在使四种武力适宜于完成他们的使命。

这便是杜黑原理的结论，看起来是革命的，或至少有点邪气。

是否需要将一切先期决定？能否在需要之际再行决断？换一句话说，战争是否需要有原理？

拿破仑说："每一动作应该依据一个方式，侥幸是不能成功的。"等候，退到需要时再取决断，是永远跟着敌人跑，制于人而不能制人。况且对于武力组织的各种论断（军制），当然须根据于各种武力使用的整个概念（作战）。所谓"维持现状"就是等于没有理论，等于军人所犯忌的"不为"与"迟疑"。

一个战争原理的成立有没有危险？战争同时是科学，也是艺术，他的性质是须经试验的，但是在和平时代，试验是不可能。我们会不会走到错路上去？因开战时几次接触而将原有理论推翻是不是比较原来没有原理更危险？原始错误的危险是真实的，然而不该因怕走错路而引起反对原理的思想。我们应该审慎周详再定原理以减少危险性。

一个战理的目的是在规定各种武力运用的通则，从此寻出最好的武力组织，使用和组织之原则是用最少限度的牺牲得到最大胜利。因为敌人也是在寻求有利于他的同样目的，所以应将追求的目的——胜利——分成二个目的：

（一）破坏敌人的胜利(先为不可胜)；

（二）自己得到胜利(以待敌之可胜)。

或者说：先抵抗，后克服。

第一目的是反抗敌人的企图而保障国土和战争潜能。有了上述保障时方才可以进行第二目的。倘使不顾保障即寻求胜利，这是孤注一掷。

在任何情形下先要有充分的保障(即先为不可胜)，对于这个问题是毫无疑义的。保障在原理上决无错误，唯一的问题是不要对于保障的效能计算错误(如筑一要塞自以为可以支持半年，结果却被敌人一个月攻破了)。地上和海上的防御武器，在大战中已有改进，战后更加进步。

原理的错误或许在第二目的即在对于攻击方法的选择(注：杜黑主张攻击，专用空军，贝当有些怀疑)，但是这错误自有限度，即使错误，因为保障方面是充分的，将来也不发生妨害。

今日的战争不但将职业军队运用，并且需要有全部资力和有自信力的民族参加。一个能决胜的攻击，不但以破坏武力为目的，并要以破坏敌人后方民族中心为目的。要用地面的武力达到这个目的，一定先要击破敌人的抵抗武力。飞机则相反，可以超越一切障碍，任意攻击地面武力或对方空军，并且打击整个敌国，他的资源，他的自信力。所以空军是良好的攻击武力。他的优越的性质是由于本身和空间发生的。

空间是苍茫，不易捉摸，他在地面，海面之上，不能为地面海面所阻隔。

所以人们总是依据武器技术上的功能，而决定战争的动作。

在别一方面须注意的，是可使用的武力总是有限的，所以战理上应当决定攻击动作的方式及其活动范围，因为到处取攻势是不可能的。

旧原则"以强攻弱"仍是有价值的，他更是适合于空中战斗。旧原则"集主力于决胜点"的意义还要扩大，他推衍到将各种可用的武力来取攻势。尽防御任务的，只限于安全上必不可缺的一部。

若有一个合理的最高组织，可以避免资源的耗费和能力的分散。使用和组织的效能应该在最高阶段觅取，正在这个阶段上需要军政和军令组织。所以应有统一的军政部和整个武力的总司令部。

杜黑曾经深刻的研究过这许多问题，他很正确的将这许多问题安排好。有几个问题他尽了巨大的供献。他确是第一个人能将许多军事问题，清楚明白的在合理方式上成立了。

问题的答案未必有绝对普遍性，他是为义大利求答案的。所以不可将他们全部移用于别国。我们不应放弃对某一情况的研究。杜黑也说过："应该用自由的头脑来解决问题。"

但是原理的整个研究表示了他有许多普遍的性质。不要在某一方面任性攻击，除非自己已有普遍的充分保障。先解决整个问题，再研究各种武力的特殊问题。在整个武力的最高阶段上组织统一的军政和军令部。这都是普遍的真理，此外尚有若干条。所以杜黑原理的研究，政治家和军人应该同样注意。军事智识之活动在大战后是很可观的。新的理论在各处发生。英国的富来鼓吹机械化。德国的塞克特成立新理论，使空中攻击和职业陆军的攻击同时施行。

杜黑预定地面防守以便空中攻击。在战后许多理论家中只有他成立一整个制度，在全局上有很坚固的组织并且在局部方面有详细的研究,只有他成立一个精确的原则以决定各种武力之比例。

杜黑的研究是值得深思熟考的,他是新思想的无穷泉源。他所建的可惊的原理一定可以影响明日的局势,在出发点和方法上是完全正统的,在结论上则为反叛的。不要轻忽的将他看作乌托主义者或梦呓家,或许在将来将他看成为一个先知先觉者呢。

贝当上将序

第四章　张译鲁屯道夫全民族战争论序

著书难,译书难,可是读书也不易。序文的价值,就在使读书的人得到一种读的方法。因为凡著一本书对于环境的情感,和时代的趋势,不是著者自身所能说明,若果读者单看书里的理论和事实,是不容易了解,而且容易发生误会。

算来已经有二十八年了,我在德国军队中同伯卢麦将军 V. Blüme 的侄子在一起,从演习地回家,两人骑在马上谈天说地,我忽然问他:"你看我将来在军事上,可以做什么官?"他对我笑着说:"我有一个位置给你,就是军事内阁长。"(即本书中所谓德皇旁之军事秘书长。)我说:"我难道不配做参谋总长?"他说:"不是这么说的,我们德国参谋部要选择一个有性癖的,或有点疯子气的人做参谋总长。"我说:"那可怪了,不过陆军部长呢?"他说:"参谋部长是公的,陆军部长是母的,我们青年军人不想当陆军部长,因为他是陆军的母亲,要有点女性的人,才干得好,鞋子也要管,帽子也要管,吃的、穿的、住的,又要省钱,又要好看,又要实用,所以俄国用擅长军事行政的苦落伯脱金 Kuropotkin 去当总司令,牝鸡司晨,结果失败了。但是专制皇帝多喜欢用这种女性呵!（当时日俄战事,德国军人资为谈助,而对于德皇之用小毛奇有些不平。）参谋总长的性质同陆军部长不同,不要他注意周到,要他在作战上看出一个最大要点,而用强硬的性格,不顾一切的把住他。因为要不顾一切,所以一方面看来是英雄,一方面看来是疯子。军事内阁长是专管人事,要是有性癖的人去干,一定会结党,会不公平;要是有女性的人去干,就只会看见人家的坏处,这样不好,那样不好,闹得大家不高兴。我是恭维你人格圆满,不是说你没有本领呵!"

"把住要点不顾一切",可以解释大战时破坏比利时中立的作战计划。细针密缕,各方敷衍,可以解释自马纳河战役后至凡尔敦攻击为止之弗尔根海（他是由陆军部长转到参谋总长的）的一段不澈底作战经过。所以,我那位德国伙伴的话,确实有他的真理。

鲁氏是参谋部出身的一个参谋总长材料,他是有性癖的,所以当时很受各派的攻击,后来在希忒拉政治活动中又失败了。他的"全体性战争",就说一切都以战争为本,翻转来说,正是他"把住要点不顾一切"性格的反应。德国战争失败的原因,人家都说军人太偏了。在鲁氏说,正是因为偏的不澈底。如果偏得澈底,则不是偏而是正的了。所以我们读这本书,不可批评他偏,而要领取他偏得澈底的意义。

书中有几点是因为人家攻击他,他自己辩护,所以有些过火。如同克劳寿维兹氏下战争的定义,谓"战争是政略的延长",政客们就用此语说军人应该听政治家的话,且举俾士麦以为政治家统御军人成功之证。鲁氏却说:"政治应包含于军事之中。"其实政治与军事之不应分立,是千古不变的原理,而是否政治家应该指挥军人,抑或军人应该执掌政治,是要看当时政治家与军人本领如何而后定。战争是艺术,真正名将是一种艺术家,他的特性是"独到"、是"偏",所以需要一种艺术家的保护者。如威廉之于毛奇,克雷孟梭之于福煦,是一种形式;菲列德之为传统皇帝,拿破仑之为革命首领,又是一种形式。鲁氏因他人借克氏之说以攻击他,他却说克氏的理论已成过去,这是矫枉过正;谁都知道克氏学说是百年以前的。他又批评史莱芬的计划不适用,也是犯这个毛病。

鲁氏又有说不出的苦衷,就是对于威廉二世,他不好意思批评皇帝,其实政治与军事之不调和,及平时扩军计划(鲁氏的)战时作战计划(史莱芬的)所以不能实行之故,都是这位平时大言不惭、战时一筹莫展的皇帝的责任。不好意思说东家,所以把店伙一个一个的骂。读者应当观过知仁,不要责他蛮横,要原谅他的忠厚。

以上所谈不过书中末节,还不能说到本书根本精神。这本书的根本好处,在对于未来的战争性质,有明切的了解,对于已往的失败原因,有深刻的经验。他的好处,我可以综括的给他一句话,叫"民族的第二反省"。

当一个民族吃了大亏之后,天然的会发生一种重新估计运动。但是革新运动的人物。大都在当时失败过程中不曾负过相当责任。群众本来是情感的,所以这时候只知道清算过去,因为破坏一切的理论很容易成立,却不能指导未来;因为改造社会的实际不是靠理论,而是靠行动;民族第一次反省的过程,总是这样,所以真正的成功,必在第二反省时代。这个时期大约总在二十年左右,所以法国七十年大败之后,他的真正国防力是到八十八年才成立的。大战后的德国第一反省,是社会民主党时代,所以到现在才有这第二反省的呼声。普鲁士军官,从小锻炼身体,寿命很长,所以在第二反省时代,还能得到当年身负重责的老人,本其实际经验,发为革新运动之指导。这在德国民族看来,真是鸿宝。

未来战争到底是怎样呢? 如果我举德、俄、日、义等国的议论来证明,人家又要说"军人蛮横",迷信独裁,再不然又做了人民战线的敌人,破坏和平，罪该万死。

　　我如今一字不易，将世界上号为第一等爱好和平的国家美国人说的话来证明一下，布罗肯比尔中校说："如果用毒气来杀人还不够刻毒，化学战不以杀人为目的，而以减少敌人抵抗力、增加敌人后方负担为最高原则。美国化学战部队所用的药剂虽有多种，主要者为糜烂毒液。该毒液有些茴香香味，色暗红，不易挥发，较气体易于保存，便于运输。地上动物着此液后，即能传染。中此毒者，若立刻进入病院，疗治得法，数月后可以全愈。盖此毒液之效能，不在致敌人于立死，乃驱敌人入医院，既不能战斗以为吾害，又不能工作以助国家，反加重其后方负担。且此人若不急进医院，则其衣履身体所到之处，皆有散布此毒汁之可能，吾人飞机、炮弹所不到之处，敌人可代为散布毒液。据现在所知，欧洲各国所制的防毒面具，对此毒液毫无用处，因此毒非借呼吸而发也。此种防御服装，美国业已制成，惟全身不通空气，故不能久用，且为价甚昂；且此毒液之野存性，在最干燥之天气中，尚可达六时以上，若天气潮湿可达数日。其比重较水量为重，故可用飞机由空中洒射，决无因风向关系，而害及使用者之危险性。且其挥发性极低，比重较大，化学成分极稳定，故用普通解毒法毫无效力"云云，这是以威尔逊十四条和平主义国家的办法，不杀人比杀人还要凶些。所以未来的战争不是"军队打仗"而是"国民拼命"；不是一定短时间内的彼此冲突，而是长时间永久的彼此竞走。

　　就既往的亲身经验而说，则此书第四章一字一珠最为精粹，这是化了无数的金钱与生命，所换来的将来军事教育方针。如同世人谈到军纪，总以为就指兵卒能机械服从而言，其实德人军纪，立于（一）自发的精神力——信仰与觉悟。（二）自动的行为力——技术的习惯与体力之支持——（注：技术的习惯就是中国所说的艺高则胆大之意）决不是区区集团教练所能养成。而有待乎最高深的精神指导。军纪所要求于兵卒者,在性格强硬,并不是柔软的服从。达尔文说得好,军纪者,在上下之信任,不是服从就算的。

我希望读这本书的朋友们,切实的一想,世界的火,已经烧起来了——逃是逃不了的——不过三四年罢?

民国二十六年一月蒋方震序

第三篇　从历史上解释国防经济学之基本原则

第一章　从中国历史上解释

（民国二十三年五月稿）

　　国家士气销沉到如此地位，要不指出真正一条路线，一件法宝，谁还能取得一种自信力。唯心耶？东方文化耶？禅家的心性，宋儒的理气，移植于东邻，以养成所谓武士道，而出产地之中国则无役不失败。唯物耶？西方文化耶？瓦德之机器，爱迪生之电气，在他人以之殖国富，扬国威，以建设所谓资本主义。五十年前之日本亦一半殖民地耳，而较日本输入西洋文化更早之中国，则农村宣告破产，工厂要求救济。人之无良，百药罔效耶？果尔则华族一名词，早应消灭于数百年以前，而何以时至今日，犹有此一大群众生息于大陆？我们且检讨过去，找出华族的真实本领是什么。

　　我于民族之兴衰，自世界有史以来以迄今日，发现一根本原则，曰"生活条件与战斗条件一致则强，相离则弱，相反则亡"。生活与战斗本是一件东西从两方面看，但依经济及战斗的状态之演进，时时有分离之趋势。希腊、罗马虽在欧洲取得文化先进美名，但今日继承希腊、罗马文化的却并不是当年的希腊人、罗马人。具有伟大的文化而卒至衰亡的总原因，就是生活工具与战斗工具的不一致。

生活条件与战斗条件之一致，有因天然的工具而不自觉的成功者，有史以来只有二种，一为蒙古人的马，一为欧洲人的船。因觅水草就利用马，因为营商业就运用船。马与船就是吃饭家伙，同时可就是打仗的家伙，因此就两度征服世界。有费尽心血用人为制度而成功者，也有两种，一为欧战时才发明，十年来才实行，西人的国家动员，一为中国三千年前已经实施的井田封建，他的真精神就是生活条件与战斗条件之一致。

封建不是部落割据，（近人指割据部落思想为封建思想者，系用名词的误谬。）是打破部落割据的一种工具。封就是殖民，建就是生活（经济）战斗（国防）一致的建设。井田不是讲均产（在当时也不是一件奇事），是一种又可种田吃饭又可出兵打仗（在当时就是全国总动员）的国防制度。懂得这个道理的创制的是周公，继承的是管仲（《左传》"齐之境内，尽东其亩"，就可证明田制与军制国防之关系），最后成功的是商鞅。井田制到商鞅已是八百多年，一定是同现在的鱼鳞册一样，所以开阡陌正是恢复井田。这是我发见出来的华族的真本领，诸公若能系统的叙述出来，使青年感觉到我华族固有的本领之伟大从前可以统一亚洲大陆，将来何尝不可以统一世界，或许于现代销沉的士气有点补救。

但是要实行此种一出两便的制度，必须有一个先决条件，就是要实际与理论绝对的一致之人才。《左传》到现在还是世界上最好的一部模范战史，他叙述城濮之战时说："晋文公作三军，谋元帅。曰郤氏可，说礼乐而敦诗书。"像现在的想像，礼乐诗书，到底是不是做元帅的唯一条件？其实当时的一群贵族，没有一个没有部属的，也没有一个不会打仗的，从这许多武士中间，寻出一位说礼乐敦诗书的人来当元帅，这自然是正当。因为那时贵族的教育，是礼、乐、射、御、书、数，件件都是人生实用的东西。

陶希圣先生在游侠研究里，指出了两种不同的团体，我见了欢喜的了不得。这是历史上的大发明。

而我以为就是这一点是三千年来民族衰败的致命伤。项羽的士族团体既失败，而韩信死，张良逃，萧何辱，自此以后活动份子与智识份子不绝的暗斗（莽、操之篡与历代的文字狱），智识份子之内又每形成两派自相残杀（历代的党争），一民族中的最重要的细胞，始终在暗斗的状态下，因此养成了智识阶级的两件不可救药的痼疾：一、就是不负责任（读书人的最高理想是宰相不是皇帝）；二、就是不切事实，（自礼、乐、射、御、书、数的六艺而改为《诗》、《书》、《礼》、《乐》、《易象》、《春秋》的六本书是一大关键）。譬如酿酒，酵素坏了，譬如爆药，电管湿了，举天下之良法美意无上妙品，一一须经过这一道腐败幽门，而后能入于中国社会，百药罔效之总因，岂非在此。

历史上也曾发见几次沉痛的呼声，如清初顾亭林之提倡朴学，就是对于不切事实的反抗。但这种运动，因为活动分子与智识分子暗斗之结果，事实派的颜元、李刚主，终归失败，而一变成为考据。考据派的精神果然是科学的，但实际上还是几句死话。太平天国时代，胡文忠的包揽把持，曾文正的挺经第一章，就是对于不负责任的反抗，但仅仅能做到一部分的成功。而从暗斗出身之李鸿章，仍为这不负责任不切事实的大潮流所打倒，以演成今日刻骨伤心的外交局面。

活动分子即主权阶级的性格，就是根本与智识分子相反，他的长处：（1）是肯负责任，但是容易流为武断，（2）能切事实，但是容易流为投机。武断则不能集众人之长，投机则不能定久长之计，这两件事于近代式国家发展是不相宜的。

智识份子道德上也有他的特长：（1）他能自持廉洁，（2）能爱护后进。惟其自持廉洁，对于物质的欲望较淡，精神上有自己娱乐之处，所以当君国危难的时候，牺牲区区生命，不算一回事。历代殉国诸人的真精神，我以为根据于此而来的。唯其爱护后进，故传授学徒，著书立说，使几千年的历史，有继续不断的成绩。王夫之、顾亭林于国亡家破之后，犹拼命著书，所谓"百世以俟圣人而不惑"，养成了华族悠长的气概。

汉高祖自己说，"我所以得天下之故"有三不如，这是三千年历史上成败之标准，就是主权阶级（即活动份子）与智识份子合作，则其事业成，不合作则其事业败。所以中国治世时代，必以圣君贤相并称，乃至做坏事，也必须土豪劣绅互相勾结。这中间出身于智识阶级，而肯负责任能切事实的人，只有诸葛亮、王安石、张江陵、曾国藩诸人，在三千年中占极少数。

秦汉以后，政权武力智识分裂了（从前集中于贵族阶级），所以政治上有不断的竞争，而华族就渐趋于衰弱，但是我华族在这种压迫之下（竭力奋斗继续了三千年），还做一件惊人的大事，就是对于物的工作。就其奋斗的精神言，似乎蒸气机关的发明，未必算这么一回大事，从造纸、印刷、陶磁、漆、建筑、雕刻乃至水车、机织，件件有独到的发明，不过为智识阶级所瞧不起，故不能有文字的记载，而学术的积聚性不能发扬罢了。

近五十年来，社会受环境之影响，发生了大变化，但其政治的演进可以分作几步说：第一步，是智识与武力的合作（一、知识份子投身为军人，二、军人入学取得智识，三、社会中智识份子与活动份子的合作）。这中间的聚散成败，有事实的证明，不必详述。第二步，当然是政权、武力、智识的一致，但应当切实注意者，就是智识份子还是不能切实的统制物质，所以民族的生活上根本发生了问题，而其所以不能统制物质的原因，也仍是因不负责任不切事实的两大弱点而来。

从顾、颜的朴学精神，曾、胡的负责态度，或许可以在酵素电管中，加入一点新生命罢。但是新式的社会，更有一样要素名曰"组织"的，这组织两字的意义，就是说一件事，不是一个人，一个机关负责任，而是各最小单位(个人)各负各的特别责任,而运用上得到一种互助的成功。这就是新经济的要点,也就是国防的元素。我们还有一句俗话"行行生意出状元",这是中产阶级的反抗呼声,也就是将来物质建设的基础。我们现在可以说有强兵而国不富者矣,未有富国而兵不强者也。

说一句牢骚的话,商店的学生、工匠的艺徒,要是夜间能读上一点钟的书(就是在实际的事物中过生活的人而能攫取知识),恐怕倒可以负起复兴民族的责任,而每天坐汽车、包车,在中大学上六时以上的功课的,恐怕将来只能做学理上的教授罢了。

第二章　从欧洲历史上解释

近时许多人喜用"东方文化""西方文化"等名词,我根本有些怀疑。文化二字上面,是不是应当加上一个笼统的方向形容词? 印度文化在汉唐时代根本是西方的,现在用什么理由把他归入东方范围以内? 而在欧洲看来,希腊的文化才是东方文化呢! 新渡户博士说:"土耳其强盛了才把东西隔断,从前根本没有这一回事。"这话是对的,但是各时代各区域的生活基调有许多不同却是事实。我说:这个生活基调,才是文化的根本。

"有无相通,供求相应",这是商业精神,即商业生活的一种基调;"自给自足,无求于人",这是农业精神,即农业生活的一种基调。这两种生活基调根本不同,所以影响到思想、制度、习惯(总言之为文化),处处成一对立的状态。但是实际生活上农人免不了交易,商人也得注意原料,所以农商之间既有调和,又有冲突,结果更有演变。我用这一个基本观念来看欧洲的历史,自觉另有一种色彩;并且用此来解释现在所谓"全般欧化"、"中国本位"的论争也觉得比较妥当。如今且将农业、商业两种生活的不同方面来对照一下：

	商业文化之基调	农业文化之基调
地　理	海……交通	陆……区划
道　德	独立自由——个人主义 日本福泽谕吉以独立自尊主义养成现代 财阀,此义完全是从英美来的。	忠孝(爱)——家族主义 世界各国之武士贵族团体皆然。
国　家	国家发源于市府	国之本在家
社　会	契约 所谓宪法民约,一切皆有契约性,视契约为神圣。	感情与信仰 影响到商人熟识的就一言为定,不用文字契约,故欧洲人引以为奇。
经　济	(一)观念 重"余",余即利,即商业存在的本体,故对数字养成一严肃习惯。 (二)运用 以生命在交通,故重周转,确立信用制度,资本能集中。	(一) 重在生产之本体,对剩余不甚注意,故养成笼统习惯,结帐抹零。 (二) 生产易,运输难,故只能各个的贮蓄,不能流转,故不能集中,社仓成功,青苗失败之原因在此。
对于科学之利用	能利用前期科学,即蒸汽机关之类,(物理的)轻工业属之。	能利用后期科学,即土地、肥料之改良及煤制汽油之类(化学的),重工业属之。

影响于军事及国防	取攻势以开辟世界，觅商场，求原料。	取守势而效死勿去，守坟墓，保家室。

大家都知道海岸线的绵长，是希腊文明一个决定的因素。海岸有何用处？又知道罗马是一个半岛。何以半岛能发展文明？这就是海，就是交通，就是便于运输货物的水的交通。所以希腊人当他进化到了农业生活，他的生产品立刻可以向外推销，而国外许多新鲜事物，时时来刺激他的生活，伟大的希腊文明就从此产生了。可是即就希腊本身论，已有雅典、斯巴达的分，雅典重商重海，斯巴达重农重陆。罗马大帝国继承希腊文明，在农商的调和上比希腊进一步。他靠海的财源文化来发达陆上，所以船果然发达，车亦有进步。他的驰道从欧洲大陆筑起，一直通到君士坦丁海岸形胜的地方。

如果说文明一定有征服野蛮的力量，那么希、罗的文明就不应中断？如果有了文明还是要中断，那么要文明干么？咳，话不是这样说的，文明是好的，但是要顾虑文明本身自己出毛病！

商业文化靠的是交通工具，希腊时代的工具只有帆船，只有马车，他的能耐只限于地中海一带，他的市场有一定的限制，经不起几百年的有无相通，通到了没有再通的余地，他的文化自然的是停滞了，衰颓了，已经有钱的人安于逸乐，没有钱的人无法发展，日耳曼的蛮族起来了。

近代的人称中古时代为黑暗时代，这真是商人的瞎说。中古时代有很高尚的文化，不过是农业的罢了。德国人现在很了解此意，所以将拿能堡做了国社党集会的中心。这件事教授们切不可小看他，他得了现在新文明的曙光了。

农业文化讲区划，所以有封建制度，重家庭所以讲爱，靠天所以信宗教，讲气节所以有武士道（纯粹的商人只是要钱，所以犹太人为人排斥），讲公道所以有基尔特的组织。不过说他黑暗可也有一个理由：就是知

(智识)与行(实行)分离了,智识给教士包办了,中古教会也用了不少的愚民政策。就实际生活言,在当时打仗同种田,实在不需要识字念书,自给自足,老死不相往来。不比商人,他需要交通,需要文字,时时看见新鲜东西要用脑筋。我敢断定中古时代的武士同农民根本不识字(拉丁文)。

封建时代,商业退化了,休养了几百年,从新再起,起因就在于宗教政治运动的十字军东征。十字军到处设兵站,要运转货物,商人抬头了,各地的所谓自由市出来了,东方希腊的东西又为人所注意,于是新文明又发动了,即所谓文艺复兴。从农业文化又一转到商业文化。

无巧不成话,这时候一个哥仑布发见了美洲,替商人找到一个新市场,替欧洲人找到了一个发洋财的机会。接二连三的,印度、亚洲等新市场陆续发见。而在航海术进展了三百年之后,才有一个瓦特发明了蒸气机关,欧洲人真是笨。

蒸气机关中古时代未必没有人想到,可是农人根本用不着,也没有能力集中资本来建设运用,天造地设的让商人来改革他的交通工具,现在算来,不到一百五十年就让欧洲商人把世界占尽了。

五百年来的商业,可以说发展得如火如荼,所以市府的势力一天一天的扩大了,渐渐成功了近代式的国家。契约性质的宪法,个人主义的自由,做了新国家的两条柱础,而科学发达,竟是如虎添翼的替商人确定了万世一系的主权。因为这种文化,时间太长久了,范围太扩大了,许多学者们多以他作为天经地义,而中古时代的老朽,当然给人家看不起。

不过仔细考察,这种商业文化的发达,还有许多仰仗中古时代的遗传,如同艳称英国政治的,所谓绅士风,所谓运动精神Sportsmanship。我此次到美国在黄金锁子甲中还把着他一点清教徒的脉搏,大战时代,英国学生的勇敢,令人回想到当年的骑士的风度。日本也有所谓士魂商才。

海国文化的王冕，从希腊、罗马经过荷兰、西班牙而传袭到英国，当然是自然趋势，但是到世界市场没有开辟余地的时候，这个王冕就发生问题了。

第一个发野心的就是以农业起家的日耳曼种的德国，他凭他四十年的努力，从一个农业国脱胎地变成工业国，以五千万人口而无限制的大量生产，除向外发展外，当然是别无办法，因此就发生了欧洲大战，上帝给他一个"忘本"的训戒，没得吃了，机器里造不出面包来，饿了！败了！可是商业文化到此就形成了一个划期的段落。

最早产生自由理论的英国，经过沃太华会议，把自由贸易取消了，世界这里一群那里一堆，形成了经济集团（从交通变而为区划了）。战时既然可以海上封锁，那平时就得自给自足，世界公认流通的金子，一律装入仓库，代之以各国的信用券。最奇怪的，现代第一流摩登的国际贸易，倒车开到三千年前农业初成功时代的物物交换！

所以法西斯也罢，国社党也罢，苏维埃更逃不了，所谓五年计划、四年计划，都是一种农业文化的新表现。这不是一定说农业文化的优越，可是商业文化的破产，是决定的了。英国人听见法西斯、国社党、苏维埃都有些头痛，其实许多事件，还是他自身先进国开辟出来的。消费合作社在英国最先创办，成绩也最好，这不是废商的先声？基尔特明明是中古时代手工组织的遗产，英国就首创所谓基尔特社会主义，这就可见我所谓"演变"。大陆的农业统制精神，乃孕育于商业自由的海国，这是因为商业顶发达的国家，感受痛苦亦最早，因为商业扩充同当年地中海文明一样，受了天然的限制！

这中间科学的进步也是一大原因，如果许多天惠不厚的国家，根本上不能自给自足，那么这国际贸易还可以相当维持，但是现在化学工业进步，汽油也会人造，橡皮也会人造，于是工业家就同农民合作，而商业走上了自杀的一途。

这种新农业文化的趋势,影响到制度上有两种需要:

(一)专制的政治　即首领制,如今日美国罗斯福,且权力加增。

(二)民主的经济　即协作制,以职业代表成协作会议。

今日世界都处于准战争状态之下,犹欲举大战前的民主政治议会制度以为鼓吹休明之具,真可为不知时务,所以政治上之必用首领制殆无疑义。但是统制经济名义虽则是国营,实际则是劳资合作。生产与分配均趋合理化,实含有至大之民主精神,故俄之合作社,义之"行业合作国民会议",都建立在这个精神上。今日首领制之根本不同于古代帝皇专制者,其原因全在于此。这种经济的议会制度,政治的专制办法,实为国民总动员的根据,也就是国防经济学上基本原则之实现。

第四篇 二十年前之国防论

（见《军事常识》，民国六年出版）

第一章 政略与战略（敌与兵）：
论战志之确定

无兵而求战，是为至危，不求战而治兵，其祸尤为不可收拾也。练兵将以求战也，故先求敌而后练兵者，其兵强，先练兵而后求敌者，其兵弱，征之以中外古今之事，而可信者焉。

日本，今之所谓强国也，明治七八年，兵不满万，而处心积虑，以中国为敌，二十年而后济，甲午之后，兵不满十万，而卧薪尝胆，以俄罗斯为敌，十年而后济，以明治七八年之情况而言征韩，以二十七年之情况而言拒俄，不几其梦呓乎，而梦呓则居然成事实矣。

普鲁士，今之所谓强国也，千八百〇六年，全军瓦解，以养兵不许过四万二千之条件，屈伏于拿翁，仅延余喘，幸也定报法之志，六年而小成（滑铁卢之役），六十年而大成（普法之役）。

法，亦今之所谓强国也，革命之际，与全欧为敌，而拿翁于纷乱之余，乃以之摧堕残普，普法战争以后，赔款割地，而复仇二字，幸以维持其军队，至于今日，志虽未逞也，而成效则已昭著矣。

淮军之兴也，以三千人密闭于舟中，越千里而成军于沪上，当是时，上下游皆敌也。湘军之起亦有然,而洪杨之敌,乃不在百年来政府教养之制兵,而在二三读文章讲理学之书生也。

等而推之,迄于古昔,则凡治兵于四面楚歌之地,欲突起以成功者,其事较难,而成功者独多;制兵于天下升平之日,欲维持于不敝者,其事较易,而成功者乃绝无也,盖惟忧勤惕励之诚积于中,斯蹈厉发扬之致极于外,故曰无敌国外患者国恒亡,呜呼,可以观矣。

然则敌犹是也,而兵不振者,则何以故,曰兵者,以战为本,战者以政为本,而志则又政之本也。

国于世界,必有所以自存之道,是曰国本。国本者,根诸民族历史地理之特性而成。本是国本,而应之于内外周围之形势,以策其自存者,是曰国是;国是者,政略之所从出也;战争者,政略冲突之结果也;军队者,战争之具,所用以实行其政略者也。所用以贯彻其国是者也,所用以维持其国之生存者也,故政略定而战略生焉,战略定而军队生焉。军者国之华,而未有不培养其根本,而能华能实者也。

战争为政略冲突之结果,是为近世战之特性。日俄之战,俄罗斯之远东政略,与日本相冲突也。今日之欧战,德国之世界政略,与英俄相冲突也。庸讵不可以交让乎,藉曰政略可以交让也,国是而可以交让乎,国本而可以交让乎,不可以让,则彼此各以威力相迫,各欲屈其敌之志以从我。近世兵学家下战争之定义曰,战争者,政略之威力作用,欲屈敌之志,以从我者也。夫曰屈其志,乃知古人攻心之说,真为不我欺也。

政略之相持,非一朝夕之故也,其端绪,可先时而预测,故其准备,可先事而预筹,夫而后可以练兵焉。英之为国,环海而重商,制海权其生存之源也,故其治海军也,以二国之海军力为标准。德之为国,当四战之地,左右邻皆强,无险可恃,则恃以人,故其治陆军也,以东西同时受敌为标准。政者,战之原,敌者,兵之母也,故治兵云者,以必战之志,而策必胜之道者也。

所谓立必战之志者，道在不自馁，夫强弱无定衡。英、俄、德、法，今之所谓强国也，望尘而不可及者也，入其国，觇其言行，何其危亡警惕，不自安之甚也。此见强者之未必终强也。五十年前之日本，百年前之德国，败战及革命后之法国，彼惟不以现状自堕其志气，而至今日耳。此言弱者之未必终弱也。惟志不立，万事皆休，夫慑于外患者，退一步即为苟安，故古人必刺之以耻，而觉醒之，故曰知耻近乎勇，又曰明耻教战。耻者馁之针，志之砭也。

所谓策必胜之道者，道在不自满，昔普之覆于法，盖为墨守菲烈德之遗制，而拿翁三世之亡，则在轻视普人之军制。盖兵也者，与敌互为因缘者也，人得其一，我得其二，虽少亦强，人得其十，我得其五，虽多亦弱，故彼此之不耻相师者，正以其彼此互为最后之标准也。夫习于自满者，进一步即为虚憍，故必戒之以惧而收索之，故曰临事而惧，好谋而成。惧而谋，谋而成，所谓策必胜之道。惧者满之药，而谋之基也。

必战者，至刚之志也，必胜者，至虚之心也，二者相反，而实相成。夫志卑者轻物，志之坚者，求之诚也，见之明者，行之决也。贤者负国之重，必以至刚之志，济之以至虚之心，而其入手治兵，首在择敌。

择敌奈何，有直接以至强为敌者，擒贼擒王之说是也。至强者，即对于吾国本，而为至危者也，有先择一易与者为敌，而间接以达其抗拒至强之目的者，偏败众携之说是也。政令修，财用足，民气强，则用前策，其径捷，其时促，若今之英、德、法是也；若夫国家当积弱之余，威信未立，则当用后策，昔普欲战法，而先试之于墺，意欲战墺，而先试之于俄。盖凡百困难，随一败以俱来，即随一胜以俱去，贤君而当弱国，则恒能于万难之中，适用其偏败众携之略，以渐进而达其最终之目的，其取径迂回，其用心尤苦也，慎之至，明之至也。虽然，就军言军，是二策者，皆可也，皆足为军事之根本也，惟有二途，则大不可，一则甲可战，乙可战,乃既欲战甲,又欲战乙,是则大不可。备多者,力分也,一则甲可战,乙可战,乃今日欲战甲,明日复欲战乙,则大不可,心不专,力不举也。

故练兵二十年而适以自累者,本不正也,政不举也,志不立也。

第二章　国力与武力与兵力

武力者,国家所用以贯彻其国是之具也,就广义言,武力,即国力也,就狭义言,则国力而加以军事的组织锻炼者,是曰武力。

溯国力之原而分之,人,一也,地,二也,物产之生殖力,三也,机械之运动力,四也,是四者,孰纲维是,孰主张是,则有至重至要之政治力(即国家主权的发动也),五也。

所贵乎武力者,谓其有军事的组织锻炼也,而此组织锻炼之原动,实即发生于第五项之政治力。是力者,至高无上,为国家存在之原,即为武力发生之本。

凡测力之大小,必自二方面,一则品质之精粗,一则数量之多寡也。"国力者,人力之集也。国力之要素,以国民之体力、智力、道德力为主,而道德力之左右于武力,则尤大。即节俭而忍苦,果敢坚毅,富于爱国心,而重义务之国民,较之流于安逸,习为骄奢,陷于怯懦者,其数虽有天渊之差,而武力则有过之无不及者,故曰国民之价值,当战争之难,而上下悉显其真,在上者流于逸乐,则武力之节度缺,在下者,习于固陋,则武力之锋芒钝。"(将官卢麦著《战略论》。)

次人心而为武力之原质者,则材用是也。材用以求之本国为原则,农业其一也(粮秣),工业其二也(武器),矿业其三也(煤铁),牧畜其四也(马驴),纲维是四者,而为之主者,则国民之经济,国家之财政是也。近世之战,其准备极于一针一线之微,其影响及于一草一木,故德国开战后令公园竹草改植蕃薯，其困苦，迄于一饮一食，而有限制（英德皆然），其反动入于国民之生计者，至深且巨，故经济财政之整理法，亦为武力之最要原质。

此外则地势交通，亦与武力至有关系，区而别之，约有数端：（一）国土之广狭，及人口之稀密，如地大而人疏者利于守，地小而人多者利于攻是也。（二）国境之形状，及国内之地势，如英之海，俄之草原，瑞西之山，皆于战争时显其重要功能。（三）国内之交通线，由此交通而各种材用集合之迟速，军队运动之难易生焉，便者，以一作二而有余，难者，则以十当一而不足也。

要之武力者，国力之用于战争者也。变国力为武力，则有视乎国家政治之机能。国家（非政府）者，有至高无上之权，得自由处分其人民之生命财产者也，而其能力之大小，则一视其组织何如以为定，政体也，制度也，行政也，皆所以为武力之原动者也。土地愈大人口愈众，则其关系愈密切，欲竭全国之力以备战，则必其元首公明而有定力，其政府勇敢而极锐敏，其各机关又能各竭其能，而互相为用，主宰无定力，则众说扰而能力蹇滞，建制不完密，则机关不足，而布置乖张。国愈大，事愈难，而武力转有因国力之大，而益小者矣（伯卢麦《战略论》之说）。

欧洲诸国，自宪制实行以来，国家之组织日备，政治之机能日强，而人民之担负亦日重。现役之兵数，以人口百分之一为准，每年之军费，以国费三分之一为准。准者，言其极度，不可再逾者也。由是范围，而加以精密之编制法，运用而周转之，则有事之日，皆能倾其全国之力，以从事于战争，可谓极人间之能事矣。然亦有以野心及恐怖心之故，养过大之兵力，而卒至财政穷乏，不能一战者，则又以兵力过大之故，而武力转因之而小者焉。

故武力与兵力不相同。兵力者，武力之主体，而兵力非即武力也。武力者，就其用而言也，兵力者，就其体而言也。欧洲之最强国，不必即为东亚之最强国也。今日军队，纵曰因粮而敌，而必取其用于国，故力之大小，一视后方之交通关系为断。日本之所以胜兵力十倍之俄罗斯者，此义是也。

兵力与兵数，尤不可混。数也者，就人马材料之数量而言，力也者，则数量外，加算以人马教育之程度，材料品质之精粗者也。故必综合无形有形之两元质，而兵力之真义乃见。有形者易知，无形者难求，其在军费定额有一定之范围者，则数量之增，未必即兵力之大也。

凡兵力以其类别之为二，曰陆军，以陆地战争用之人马材料，而加以军事的组织锻炼者也，军队云者，所以自别于乌合之众，为陆军兵力之具体名称也，一曰海军，以海上战争之军舰、水雷艇、商船之武装者，而加之以军事的组织锻炼者也，舰队云者，海军兵力之具体名称也。陆军负陆战之责，有时补助海战者，如军港之陆上攻守是也，海军负海战之责，而有时补助陆战者，如陆上之准备，及运输之护卫等是也。

近百年来，为一切政治之原动，而国制组织之根本者，则立宪制度是也；为一切军事之原动，而国军组织之根本者，则义务征兵制是也。新国家有是二者也，犹若车之有两轮，鸟之有两翼，而二者之间，尤有至深至密切之关系。自国家言，则立宪制度者，求其个性之发达，故自由者义取诸分，对内者也；义务兵役者，求其团体之坚固，故强制者，义取诸合，对外者也。自人民言，则既有与闻政治之权利，即当然有保卫国家之义务。是故宪法兄也，征兵令弟也，而双生焉，孕育于法国之革命，自由主义，其先声也，成长于普鲁士之行政改革，民族主义，其中坚也，结果于今日之战争，帝国主义，其尾声也。呜呼，吾人读普国名相斯得因之言，而怦然心动也。斯氏之言曰："凡国家失其膨涨之势力于外者，则当蓄其强固之实力于内。是力也，不在其政府，不在其贵族，而在其全国之人民。欲国民之发达进步也，当予以自由，而使各阶级平等于法律之下，故第一农民，当解放也，惟自由之劳动，始能保国于不敝也。当予以土地所有权,惟独立之地主,乃勇于卫其家,即勇于卫其国也;第二市民,当予以自治权也,市政及市会之发达,德族之所以自豪于中古也,据怀旧之蓄念,历史观念,爱国之源泉也,自治植其础,而官治乃增其力也;第三贵族,当教以惟国家存在,而贵族乃始尊荣,亦惟贵族不自私,而国乃始强盛,特典也,特权也,利之适以害之也。政府有司,不当求智识于簿书,劳精神于会计,首当与国民共生活,而研究其真正之情实,而施政方针,当力与当时之实情相应。"

故德国义务兵役之发源,表面由于条约之束缚(拿破仑限制养兵不得过四万二千人),而精神实由于行政之改革也。却隆霍斯得者,征兵制之鼻祖也,当时为陆相,而斯得因则首相也。呜呼,伟人之心力与际会,其于国家也,至矣哉,至矣哉!

第三章　义务征兵制说明

此次庐山训练奉命说明义务征兵制,故重将此章加印,以备与下篇附录之义务民兵制相参考。

兵在精,不在多,斯言至矣。盖谓兵力之大小,不在其数量,尤其在品质也。虽然使彼此之精度相等,则求胜之道,将何从?数等者求其质之精,质等者求其数之多,自然之势也。

既欲其精,又欲其多,而国家之军费,则又有一定之范围,不可逾,于是义务兵役之制起,是故纯粹自军事上之目的言,则征兵制者,以少数之经费,得多数之军队,而又能不失其精度是已。

所谓费少而兵多者,等是养一兵之费也,更番而训练之,能者归之野,更易时新,以二年为期,则四年而倍,十年而五倍之矣。所谓兵多而犹不失其精度者，自精神言，则用其自卫之心以卫国，其职务既极其崇高，其欢欣亦足以相死；自技术言，则服役时，教之以道，归休时，习之以时，自能于一定时限内，不遗忘而足为战争之用。是故佣兵者，以十年练一人而不足，征兵者，以一费得数兵而有余也。虽然，不可以易言焉，武力之大小，视乎国家之政治机能，盖征诸义务征兵制而益信。征兵法者，关于义务兵役之条例也，其条理之繁密，关系之复杂，事务之烦重，盖非有至勇决之方针，不足以启其端，非有至完密之组织，不足以竟其绪也。在昔德法，在今英伦，皆当国难至深之时，而勉焉而为此。人心之好惰也，民非强迫，不肯服兵役，国亦非强迫，不能行征兵也。昔法人首倡征兵，乃一变而为就地制，再变而为代人制，名虽存，实则亡矣，是倡之者固贵乎勇决，而行之者，尤贵有周密完全之计划也。（就地制者一区内限定出若干人之谓，代人制者以金钱雇人自代也。）

五十年来各国之敌忾心以互为因缘，日结而日深，而各国之征兵制，亦互相则效，日趋而日近，今姑就其繁重复杂之制度，条举其通则，而列其纲，则有三：一曰法律上之规定，二曰行政上之组织，三曰实行上之事务是也。

征兵制之关于法律者，一为兵役之种类，一为服役之期限也，各国通则如左。

凡国之男子自十七岁，迄四十七岁，皆有服兵役之义务。（四十七岁至大限也。）

凡兵役分为常备兵役、后备兵役、补充兵役、国民军役。常备役七年，内以三年为现役，四年为豫备役。

现役者自满二十岁者服之，平时征集于军队中，使受正式之教育，其期以三年为准。近世欲军事教育之普及，则步兵有改为二年者。现役既毕，退归豫备役，返诸乡，使安其生业，每间一年，于农隙后征集之，使习焉以备战时之召集也。将军哥尔紫曰，组织一国之兵力，以青年男子为限，盖其气力，能置生死于不顾，而好临大事，其体力，能耐劳苦，而服惨酷辛勤之职务。德国军制之常备军，以三十岁为限。盖兵力之中坚，而负战斗之主要任务者也。

后备役十年，以满豫备役者充之，战时多用之于后方。日俄之役，第一线之力二十五万，而战斗员之总计，乃及百万。将军哥尔紫复曰，老兵亦有老兵之用，盖铁路、占领地、兵站线之守护，粮秣兵器之护送，土匪之镇压，在在有需于兵力，其任务虽不若第一线之重要，而一战争之成功，亦必相需焉而始有济者也。

补充役十二年，国家不能举所有壮丁，一一使之服兵役也，则编其余者于补充役；于农隙则征集之，施以短期之教育，视其年龄之大小，战时或编入守备队，用之于后方，或编入补充队，以为第一线伤亡病失之豫备。

国民兵役，分为第一国民军，第二国民军。第一国民军，凡满后备役及补充役者充之，曾受军事教育者也，余者为第二国民军，未受军事教育者也。国家当危急存亡之际，兵力不敷，则召集之。

凡处重罪之刑者不得服兵役，是曰禁役，凡废疾不具者，得不服役，是曰免役，体格未强壮，或以疾病，或以家事，得请缓期以年为限者，是曰延期，在专门学校及外国者，得缓期至二十八岁为止者，是曰犹豫。

准乎此，而品质数量之间，得以时间财政为其中间调济焉。欲其质之精也，则增其常备役之人数，而短其服役之时期，欲其数之多也，则长其豫备役之时期，而多其服役之人数。财少则求其周转于时，时急则量其消费之财，操纵伸缩，可以自如，而国家之武力，乃得随时与政略为表里焉。

关于征兵上之行政组织，则区域之分配、官署之统系是也，各国通则如左。

分全国为若干区，是曰军区，凡一军之征兵事务属焉，每军又分为若干旅区,每旅之征兵事务属焉,每旅区又分为若干征募区,征募区之大者,再分为数检查区,是各种区域必与行政区域相一致,除占领地及异民族外,以本区之民为本军之兵为原则,军民之关系密切,一也,易于召集,二也,各兵之间,各有其邻里亲戚之关系,则团结力益固,三也。

中央之征兵官,以陆军及内务之行政长官兼任之,各军区之征兵官,以地方之司令长官(军长或师长)、行政长官(省长)任之,各旅区,旅长及该区之行政高级官任之,各征募区,以征募区司令官(专设)及该区之行政官任之,必军民长官合治一事者,盖微独事务上,有俟于各机关之互相辅助也,其制度之原理,既发动于国民之爱国心,而事务之基础,亦导源于国民之自治团体,势有所在,不得不然也。

关于征兵实行上之事务,复须别为三:一曰征集事务,平时征集之使入营受教育也,二曰召集事务,当战时召集之使出征也,三曰监视事务,监督有兵役义务之人民,使确实履行其义务也。

征集事务,大别为四:曰准备,曰分配,曰检查,曰征集。

准备云者,征集事务之准备也,其道自下以及上,每年凡村长,集其在村内之壮丁人数,籍其名以报诸县,县以报诸道,道以报诸省,省以报诸中央,而每年各区可征之数,政府得以详稽焉。

分配云者,分其应征之数于各区也,其道由上以及下,每年凡元首,定其全国应征之数,以分诸军,军以分诸旅,旅以分诸团及征募区司令部,而每年各区应征之人,地方得其标准焉。

检查云者,检查其壮丁之体格,及家属上之关系,定其适于兵役否也,征募区司令官,实负其责,附以军医及地方官吏,及期,巡行各区,而检查之,予以判决,判决既终,则以抽签法定其入营之人,编为名册,以报诸军,作为布告,以示其民。

征集云者,使抽签既定之人入营服役也,旅长实负其责,及期,巡行各处,一以确定壮丁之可以服役与否,二以分别各人编入步骑炮工各种兵,三以规定补充役中之可以征集受教育者,各编册籍,以报诸军,每年十一月一日,各民按照布告之所定,自投到于征募区司令部,各队派员迎率之以归。

是四者,年一为之,周而复始,其册籍有一定之方式,其事务有一定之期限,其权限有一定之范围,丝毫不容其稍紊,而征集事务,乃告终结也。

召集事务,大致别为二,曰平时之准备,曰战时之实施。平时准备,则政府示其召集之要纲,以颁诸军,军长准之,定其召集之人员,以颁诸征募区司令官,区司令官乃订成各县之召集名簿及召集令,以送之县,县别存之。召集令者,一人一纸,记其姓名、住址、召集之地点,惟时日则空之以待填也,而凡交通之关系、旅行之时日、集合之地点、监督指挥之人员,无一不豫为计划,以免临时之仓卒也。实施事务,则元首以动员令行之。政府以颁诸军,军以颁诸(1)地方长官,(2)各宪兵警察队长,(3)各部队长,(4)征募区司令官。司令官以达诸县,县记载其时日,以颁诸村,村以达诸各人。各人之受令也,乃按照令内所规定之时日、地点、道路,以至于召集事务所。各部队先期派员迎之,率以归于队,而地方官吏,及警察宪兵,同时布监视网,以监督之,防逃役也。

监视事务,亦大别为二种,一为入伍前之监视,一为退伍后之监视。入伍前之监视,则人民自十七岁起,即有受监视之义务,若迁移之必须报告本区也,若旅行之必得许可也,皆是也。退伍后之监视,一为复习,复习者,退伍后复召之入伍,使习之期不忘也。在豫备役中至少二次,后备役中至少三次,每次必于农隙,期自三周至六周不等。一为点名,就本地征集之,检查其体格及职业,以验其适于军事之程度也。凡此者,皆所以为战时召集之准备也。

是故征兵之要件有五,五者不备,不足以言征兵也,一曰征之能来,二曰来之能教,三曰教之能归,四曰归之能安,五曰临战焉,一令之下,应声而即至。五者若贯珠然，一不备，不足以成今日之征兵制也，图示之如左方。

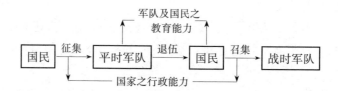

征之而来，则行政能力，于是征焉。是故谓民智未开，不可以言征兵者非也，其在德法诸国，习之百年，而厌忌兵役者，代有所闻，小民难与图始，当然者也。谓户口未清，不可以言征兵者，亦非也。征兵之倡始，皆在国难张皇之际，日德诸国，当其始，行政机关，犹在草创，遑论户口？是故征兵之难，不难在民间之忌避，而在政府之决心，不难于条例之公布，而难于律令之彻底力，故欲行征兵者，必以整理地方之行政机关为第一步。

征之来矣，尤贵乎教，则军队之责任焉（教育一项待后专章），就征兵之范围言，有二要件，无熟练之弁目者，则教不足以入其微，无强固之将校团，则力不足以举其重，是也。弁目，所谓亲兵之官也，与兵卒共起居。教育之期，长不过三年，短者二年耳，是二年中，使其习之于手，记之于心，盖有视乎随时随地之指点，是非将校之力所能及也，而弁目之效著矣。兵卒同出于一区，其乡土之观念强，故团结力大，固也，顾用之得其道，则可为精神固结之基，用之不得其道，则即为指挥困难之础。义务兵役者，聚国民而为一大团体也，其量大，其质重，非有全国统一之将校团，则离心力大，不足以举之矣。法国共和政府之初元，乃至有以此区之民充彼处之兵者，其苦心益可见也。（注：怕造反。）是故征兵制也，弁目久役制也，将校团制也，三者皆若连鸡之势，不能舍其二，而独行其一也，故欲言征兵者，必以改良军队教育为第二步。

教而能归,归而能安,则有涉于国民生计之大本,不可以习焉而轻视也。盖军队以国防之故,驻扎地常在通都,而都野间之生活程度,则相差至大,兵卒于一二年间,习为华美,即有厌薄固陋之意。法国近有倡言军队食料太美者,德国则每周授兵以农事智识,盖咸以兵不归农为大戚,而思力有以矫之也;且田园有荒废之虞,工商业有中绝之患。故征兵者,始焉既强之使来,继焉又必强之使去,不愿来,犹易处,而不愿去,则难处也。勉强行之,则相率而流亡,匪独不能临难时招之即来也,其祸更有不可言者,故欲言征兵,必以注意国民之生计为第三步。

若夫一令之下应声而集,是则征兵之最后目的,管子所谓“内教既成,不令迁徙”者也。盖必平时之监视严密,计划周到,而临事之征调,始能有秩序而迅速也。各国今日,则自命令下付之方,旅费取予之法,应到之地,应往之路,应用之车船,无不一一豫为规定,而警史宪兵,则各设其网,以周流巡视乎其间,各机关各人,各有一定之每日行事表,夫而后当开战之日,全国国民,不震不惊,寂焉各行其所是,不相扰而益相成。呜呼,极人间之能事矣。故言征兵者,必以战时能圆满召集编入军队为最后之目的。

第四章　军事教育之要旨

人也,器也,军也,国也,各有其个体,其形式上之一致,则编制之责也,其精神上之一致,则教育之责也。

言军事教育,则有开宗第一义曰,军事教育之主体,在军队,不在学校,是也。平时之军队,以教育为其唯一事业,战争之教育,以军队为其唯一机关。学校者,不过军队中一部分人员之补习机关而已。以教育与学校相联想,则军队教育无进步,而一部分之事业,必将为主体所排斥而后已。

试举各国军事学校与普通学校之系统比较之，则尤显。普通学校之为制也，自小学、中学、高等、专门、大学，自成为系统，而相联络。军事则不然，毕业于中学，不能径入士官学校也，必自军队派遣也。专门学校，非士官学校升入也，必自军队派遣也。大学校，亦非自专门学校送入也，必自军队派遣也。盖将校之真实本领在统御，其根本事业在军队，惟知识上一部分教育，在军队分别授之，则事较不便，则聚之一堂，为共同之研究，是则学校教育之目的耳。

苟明乎征兵之原理，则知平时之军队，即国民之军事学校也。"军人者，国民之精华也，故教育之适否，即足以左右乡党里闾之风尚，与国民精神上以伟大之影响，盖在军队所修得之无形上资质，足以改进社会之风潮，而为国民之仪表，挚实刚健之风盛，则国家即由之而兴，故负军队教育之任者，当知造良兵即所以造良民，军队之教育，即所以陶冶国民之模范典型也。"（日本军队教育令）故曰平时军队之唯一事业，教育是也。

学战于战，此原则也，顾不能临战而后学，则学之道，将何从，曰根于往昔之经验。经验之可以言传者，笔之书，其不可以言传者，则为历史的传统精神，故曰"团也者，依其历史，及将校团之团结，最便于从事统一之战争者也。""严正之军纪，及真正之军人精神，为军队成功之元素，欲使其活动发达，则必有俟乎强大之干队（即平时之军队），各兵既受薰陶而归家，一旦复入，则即能恢复其昔时之习惯，即新编之军，而求其内部坚实亦甚易，故军人精神，恃多员之干队而始成立者也。"（伯卢麦《战略论》）故曰教育以军队为唯一之主体也。

有一言而可以蔽教育之纲领者，则致一之说是也，故第一求人与器之一致，第二求兵与兵之一致，第三求军与军之一致，第四求军与国之一致。

（一）人与器之一致　不观夫射乎，心之所志，目之所视者，的也，手之所挽者，弓也，而矢则有中有不中也。其不中者，必其心与目之不一致也，必其目与手之不一致也，必其手与弓之不一致也，必其弓与矢之不一致也。语曰，读书有三到，心到眼到口到，到者致一之说也，宁独射焉、读焉而已。一艺之微，其能成功而名世者，必有藉乎精神、身体、器用，三者之一致，书家之至者，能用其全身之力于毫端，而力透纸背。军人之执器以御敌，无以异于文人执笔而作书也，方法虽不同，其所求至乎一致者一也。兵卒之来自民间也，其体格之发达，各随其艺以为偏，身与心尤未易习为一致，故必先授以徒手教练及体操，以发达之，体与神交养焉，然后授以器，使朝夕相习焉，以至简之方法，为至多之练习，久久而心身器三者之一致，乃可言也。故夫步兵之于枪也，则曰托之稳、执之坚，发之由自然；骑兵之于马也，则曰鞍上无人、鞍下无马，皆言其身与器之一致也。此单人教练之主旨也。

（二）兵与兵之一致　人心至不齐也，将欲一之，其道何从，曰有术焉，则逆流而入是也。逆流云者，自外而及内，自形式而及于精神是也。以颜子之圣，询孔子以仁，而其入手，则在视听言动，军队教育之道，亦若是已。是故步伐之有规定也，服装之必整齐也，号令之必严明也，整饬其教练于外，所以一其心于内也，器具之有一定位置也，起居之有一定时刻也，严肃其内务于外，所以一其心于内也，虽然亦更有其精神者存焉，则人格之影响，情分之交感是也。惟人格有影响，而上下间之关系以深，惟情分有交感，而彼此间之协同以著，此种一致之基础，成于战术单位之连。连者，军队之家庭也，其长则父也，连之官长，则成年之弟兄也，弁目之长，曰司务长者，则其母也，是数人者，于兵卒一身之起居饮食寒暑疾病，无时不息息焉管理之监视之，苦乐与共而其情足以相死，夫而后一致之精神立焉。此一连教育之主旨也。

（三）军与军之一致　自征兵制行而兵之数量日以增，技术发达而兵之种类日以繁，文明进步而将校之知识日以高，于是军与军之一致，其事愈难，而其要益甚，自其纵者言之，则将将之道，有视乎天才，自其横者言之，则和衷共济，有视乎各人之修养。此种一致，盖与国家存在之源，同其根据，历史之传统一也，伟人之人格势力，二也，智识锻炼之一致，三也，人事系统（详见下文）之整齐，四也，而每年秋操，图各兵种使用上之一致，使各知其联合之要领，则犹其浅焉者耳。

上文（二）（三）两义，则各国今日通称之军纪二字之意义是也。"军纪者，军队之命脉也，战线亘数十里，地形既殊，境遇亦异，而使有各种任务几百万之军队，依一定之方针，为一致之行动，所谓合万人之心如一心者，则军纪也。"（日本《步兵操典》）

兹言也，仅就其效用言之，于其意义，犹未若哥尔紫将军所论之深切著明也。哥将军曰，苟一想像今日国军之大，不能无疑问，即如此大众，究竟用何法以指挥之是也。答之者则有词矣，曰军纪者，所以使大兵能自由运用者也。斯言是也，顾所谓军纪者，又何物欤。

普通人解之曰，军纪者，以严正之法律，维持其秩序，而严肃其态度之谓。斯言不可驳，而非其至也。德国之秩序态度至严肃矣，而法律之宽，他国无比。历史上有法律愈严而军纪愈棼者，法国共和政府之成也，背戾者悉处以死刑，而军纪之弛如故也。盖法律之效果，发生于事后，故谓军纪发生于法律者非也。或为之说曰，军纪者，发生于国民之道德心，而由于自然者也。兹言亦非也，军纪者，不仅使人不为恶而已，兵卒为克敌之故，必致其死，军纪者，要求此非常之事于兵卒，而使习为自然者也。"法人每谓热诚之爱国心，可以补教练之不足，其实依共和政府之经验，则热诚之爱国者，行军一日而冷其半矣，疲劳之极，则肉体之要求，即越精神而上之，一鼓作气,不可恃也。"(伯卢麦之说与此相发明,故引用之。)故谓军纪之源在道德者亦非也。

达尔文著《物种论》,于军纪二字,独得至当之解释曰:"有军纪之军队,其较优于野蛮之兵卒者,在各兵对于其战友之信任。"此坚确之信任,实为真正军纪之根源也。凡兵卒之有经验者,皆知其将校,无论当何种时节,必不离其军队以去,一队犹若一家然。除共同之利益外,他无所思,虽危险之际,亦不为之稍动。此则达氏之所谓信任之原也。有此信任,故兵卒虽当敌弹如雨,犹泰然有所恃而无恐。

法者,一种军纪之补助品也,人欲之炽,则借法以抑制之,而用法尤贵严贵速,然不过一方法,非其根本也。躬行率先之效力,则有大于法者,故兵卒见官长之服从官长,如彼其恭顺也,则从而效之,且不仅服从已也,尤贵对于职分而起其嗜好心。德之士官,皆使习为兵卒之勤务,即于简易之事,而发动其职分之观念,且兵卒亦知上官之出身,初亦与已无异也。

德国凡勤务之细件,极其精密,非墨守成法也,非夸其知识也,所以发起其勤务之嗜好心,即尽职之观念是也,学术教练之外,尤贵乎志意之锻炼,而清洁也,秩序也,精密而周到也,不谎言也,皆为整肃军纪之一法也。

委任被服粮食诸事于将校,其主旨非出于节俭,盖所以图上下间之亲密也。仓库也,厨房也,寝室也,将校日日服其勤务,而为军纪柱础之连长,自然成为一连之父,而军队中于是有"长老"之称,是名也,则含有至深之意在也。

忠实于职务之外,尤当有共同一致之志操,德军之成立,此志操实为其根本,大战中法律之所不能禁,监视之所不能及,而此共同一致之志操,则犹发生其秘密效力,名誉与职分交为激奖,而发挥其最后之武勇焉。

昔年之战,凡关于共同之利害,或敌有可乘之机,则我军虽弱,亦必取攻势者,职是故也。闻最近军团之炮声则驰援,陷必死之境,犹能确信其同志者必且继续我志,而收其功,而上自司令,下迄少尉,无不为同一之思量,为同一之行动,此则德国所谓军纪之效力也。

军纪者,无形者也,保全之,则有待于有形之要件,第一则平时编制之单位,不可于战时破坏之也,由各师选拔最精之三营而组织一团,其能力决不能如平时固定一团之大也,其在德,地域人情之不同,而操纵之法亦互异,故临战以不变单位为原则。

第二则退役之预备兵,必召集于原受教育之队也,预备兵之于本队也,有旧识之僚友,有旧属之官长,常以在其队为自己之光荣,而一队之名誉心生焉,故动员计划,虽极困难,尤必原兵归原伍为原则。

此外则有一无形之军纪,则将校智识作用之一致是也,一军之智识不一致,则行动即不一律,法之共和军队,皆志士仁人,感国难而集合者,然平时于智识,未尝经一致之训练,而军纪即因之以弛,然此种训练,决非强以规则,要在识其大纲,而得一定之方向,有此智识之军纪,然后主将能信任其部下,部下独断专行之能力发达,而战胜之主因得焉,故将校之出身,首贵一致,将校一部分自队中升入,一部分自学校毕业,而杂糅焉,决不能望其行动之一致也。

(四)军与国之一致　则全军一贯之爱国心是也。夫爱也者,情之根于心,而丽于物始显者也,无我而有物,则爱之源不生,无物而有我,则爱之义不著,物我有对待之缘,而爱之义始著。国也者,名词之综合而兼抽象者也,说其义,既更仆不能尽,而民之于国也,则犹鱼之于水,人之于气，视之而弗见，听之而不闻，日用而不知者也，虽欲爱之，孰从而爱之？圣人有忧之，则有术焉，使国家有一种美术的人格之表现，而国民乃能以其好好色之诚，而爱其国，是故爱国之心不发达，非民心之无爱根也，表现之术，有周不周也。人格之表现最显者，为声音，为笑貌，视之而不见，于是有国旗焉，听之而不闻，于是有国歌焉，闻国歌而起立，岂为其音，见国旗而致敬，岂为其色，夫亦曰，是国之声，是国之色也，有国旗，有国歌，而国之声音笑貌见矣，此为第一步之爱国教育，最普及者也。人格表现之较深者，为体段，为行动，于是有地图焉，则国家之体段见矣，于是有历史焉，则国家之行动现矣，是故读五千年历史而横揽昆仑、大江之美者，未有不油然而兴起者也。有历史，有地理，而国家之影，乃益状诸思想，而不能忘矣，是为爱国教育之第二步，虽然，犹其浅也，犹其形也，而未及乎人格精神也。呜呼，自共和以还，盖尝手法国之操典，而三复之矣，求其精神教育之根本，而得一"自我"即国家人格之精神代表说也。（注：近读塞克脱将军之毛奇论有"朕即国家"即普鲁士精神说，则与此说一致矣。）人未有不自爱者，国也者，"我"之国也，而爱之义以著，故法国以名誉与爱国并提。名誉者，自尊之精神也。德国以忠君与爱国并提，忠君者，克己之精神也。是故君主国以元首为国家人格之精神代表，而要求其民也，以服从，以自牧，若曰服从其元首，即爱国之最捷手段也，客观之教育也。共和国以自我为国家人格之精神代表，而要求其民也，以名誉，以自尊，若曰发达其自觉心，为爱国之根本也，主观之教育也。故国家于声音笑貌体段行动之外，尤贵有一种民族的传统精神，以为其代表，而爱国教育，乃可得而言焉。然德国虽以服从为主体，亦决不蔑视其个性。德之操典曰，战事所要求者，在有思虑能独立之兵卒，能于指挥官既毙以后，依其忠君爱国之心，及必胜之志意，为自动的行动者也。法国虽以个性为主体，亦决不疏忽服从，故法之操典曰，名誉与爱国心，所以鼓舞其崇高之企业心，牺牲与必胜之希望，所以为成功之基础，而军纪与军人精神，则保障命令之势力而事业之一致也。

明乎是四者，而军事教育之要纲得矣，犹有数事所当知者，一为战争之特性，一为时间之效力，一为习惯之势力。

战争之特性有四，曰危险，曰劳苦，曰情状之不明，曰意外之事变（格洛维止之说）。危险，故有待于精神之勇；劳苦，故有待于体格之健，与忍耐力之强，情状之不明，故有待于判决之了澈；意外之事变，则有待于临机之处置，与积气之雄。凡此四者，上自将帅，下迄兵卒，皆同受之，而位置愈高者，则要求入于精神领域者愈深，而困难亦愈甚。此平时所贵乎修养磨练也。

凡人习一业，久之久之，忽得一自然之要领，有可以自领略，而不可以教人，可以意会，而不可以言传者，艺至是，乃始及纯粹之境，乃始可用，是名曰时间之效力，其在军事，其功尤显，盖兵之临战，其危险足以震撼其神明，失其常度，此时所恃者，惟平常习熟最简单之行动，以运用之于不自觉而已，故兵卒教育之最短时期，为四个月，而兵役则无有短于二年者，盖教育虽精密，亦必有待于时间之久，而始发生效果也。

凡人与人交，则习惯生焉，习惯有传染性，虽未尝直接，而闻风可以兴起，有遗传性，虽十年递嬗，人悉更易，而其传统的惯性仍在，习而善焉，不能以少数人破坏之，种而恶焉，尤不能以一时而改善之。故君子慎始而敬终，将军弗来答叙普法之战史（千八百零六年）曰："发也纳之役，其有名之将校，将来立新军之基础者，何尝不在军队之中，然不经拿翁之蹂躏，则往昔之习不去，而此有力之将校，无以显其能，故曰不良之军队，不经最大之痛苦不能治。"

曾文正所谓"孔子复生，三年不能革其习"者，其斯之谓欤！

第五篇　十五年前之国防论

（见《裁兵计划书》，民国十一年出版）

当时国人高唱裁兵之说，余恶其头脑笼统而作此文。嗟夫，孰知其不幸而言中也。书中所论虽已失时效，然为国防大要所在，故重叙之。

第一章　裁兵与国防

十年以还国民外交之声，渐闻于朝野，而国民对外观念之不确实，其程度亦殊可惊，姑举一例，则吾有友于民国八年夏为教育部外国留学生之试验委员，受试者皆学界之精秀也。时正山东问题热度至高时，乃试问以"高徐顺济铁路条约之由来与影响"，则结果乃出意外，盖并高徐顺济之为何地，而犹未明者也。读者须知一种论断（如曰山东当收归）若不根据于确实之常识，则其基不固，易为诡辩所摇也。

对外观念不正确，而为祸于国家，其类可别为二：一曰怯懦，一曰虚矫。怯懦云者，视外人之势力为绝对不可抗，中国人除永久沉沦之外，别无他法——至少一时的。虚矫云者，昏不知外事，而耳食其二三以为谈助，以悦人而欺己。怯懦之结果为怠，虚矫之结果为骄。怠与骄练兵之大敌，而同时即为裁兵之根本障害。何也，无勇决之志者，不能开裁兵之先。无精密之智者，不能善裁兵之后也。以吾所闻今之裁兵论如"只教裁兵中国即有办法",如"中国裁兵只能靠外人势力"之类,试为详细分析,中间即发见有非怠即骄之分子。此种议论纵曰一时矫激之谈,然精神腐败,其为害于国家者,正复不少也。

不怠不骄,夫而后可以入我本文之题曰,兵裁矣,吾侪将何所恃以自卫?

自卫云者,对于"他"而言也。一国家之四围,皆他也,然而一国家,决不能使四面皆敌。是故谈自卫之第一步,首当将此"他"认识清楚。

呜呼,当"二十一条"之哀的美敦书到北京时,我国民曾有一人焉测量其能力之所极至而一为较量者乎? 当山东问题热度至高时,我国民曾有一人焉调查其武力之现状而一为登记者乎? 谓吾国民其甘心于沉沦耶? 则何以断指沥血之书,乃时触于我眼,谓吾国民其决心于自拔耶? 则何以沉沉中原初不闻有人焉,为一种确实的自卫运动?

今我以民国八年为准,而先为一种兵力上数的测量,据此较可信之材料而得"他"的兵力大要如左:

平时人员	数 目	平时兵种	数 目
将官同相当官	约一八〇人	步兵	二百六十四大队(即营)
校官以下将校	约一五〇〇〇人	骑兵	一百十中队(即队)
准尉迄下士	约二八六〇〇〇人	野炮兵	一百六十中队
兵卒	二二八〇〇〇人	山炮兵	十一队
总计	兵员总数为二十七万余人	重炮兵	五十八队
	马匹总数为四万四千余匹	工兵	六十队

此外铁道队十二电信队九航空队五辎重队四十汽车队二

依兵役法之通例而征其战时扩张能力,则第一线(即最精练)之战斗员,当为六十万。而其极度,可至百二十万,连非战斗员其给养总额当为二百万，此其大较也。至于数字以外若教育之精粗，装备之整否，动员之迟速，海陆两方运输之时日，技属专门，事关机密，今姑从略。

　　要之照此计算，则于某时期以内，于某战地以内，"他"得集中多少兵力，当可概计。总之对于他之概计愈精密，则关于我的准备愈周到。其在欧洲，此种议论，常为一般新闻纸之材料，而中国今日微独国民于此无相当之了解。即专门军人，亦未闻有谈论及此者。至多不过曰国际联盟耳，夫一国之地位而至于藉他人之同情以自保，此其可耻，殆有甚于为奴。甚矣，志气摧残一至于此极也！

　　读者须知国民自卫，若不一一从此种精神，此种方法，计算以出。则匪独所有之兵皆属浪费，而其结果必酿成一种内乱。何也，所谓聚群众于一处，而志无所向，未有不为乱者也。

　　今若以上表，而以当年之预算与中国一一对照，则吾人当得一有趣味而又极痛心之事实。此无他，即：

　　"他"以全国预算额四分之一，平时养二十七万人，而战时第一次会战兵力得约六十万人。

　　我以全国预算额三分之二，平时养百万人，而战时第一次会战兵力可得几何？虽举全国之人而询之，不能得其数，以吾计之二十万人，犹幸事也。是故"他"以一人之费，而得三人之用，而我则以四人之费，而犹不得一人之用。故由今之道，而欲望国防充实，则平时养兵至少当三百万。其军费预算额当较今日更扩充至三倍以上。此固无人敢作此梦想者也，于是国民发其绝望之声，而军人乃纵其无厌之欲。呜呼耗矣。

　　虽然人则同也，钱则同也，徒以组织法之不同，而数字上能率之相差乃至于如是，故谓吾国绝对无自卫之能力，其谬乃更甚也。就人口素质言，则除神经较敏是其缺点外，而信德之坚，体魄之强，知识之活泼，虽较之以世界最良之国民，吾可以生命保其无愧色也。就资材之素质言，机械之动力固远不如人，而天然来源之丰厚则固国人所同认，而此物质之运用,则其道固可以按日以得其进步者也。无论如何,以中国今日之地位较之千八百七十年败战后之法及明治初元改革时之日本,以及今日之德其为形便势利,盖无可疑者也。

惟然而吾人乃得一结论曰,现状非绝对的改造不可。而自卫之道,其事为至易而可能。

自卫之策当奈何? 以今日国家形势言,则是策也,当具备左之三条件:

一、使国内永久不复发生或真或伪之军阀。

二、军费依现在财政状态,至大限不能过预算三分之一。

三、于一定时期中得于一定作战区域内集合曾受教育而较优势之军队。

惟然义务民兵制尚矣。盖欲适合上文之三条件,舍此之外别无他法也。民兵制之要旨,首在教育与军事之调和一致。其在兵卒之教育,则以向来在营中两年间之教育,分配于平常十岁迄二十岁之间,与学校教育夹辅而并进。教育科目中如体操如行军如射击如乘马悉在军人及教育家监督之下任人民自为之。惟必不能在营外教育之群众运动(包含军纪及部队连合战斗教练)则以六个月之新兵学校教授之。盖表面上军队之色彩愈薄,而实际上教育之程度愈深,而于国民经济上之负担,乃大可减少,此其一也。其在将校教育主旨,则在使军官富于人生之常识,有独断能力,而不成为一偏狭机械之才。盖今日物质进步而人民知识益日开,不治文科者不足以使人,不治理科者不足以使物,民事如是军事亦如是也,此其二也。

此种制度最适于自卫,最不适于侵略。

其在中国,则民兵制之善也,更不在其法之新,不在其兵之多,不在其费之少,而尤在适于中国之历史与环境。今试横览中原,则凡人迹所到之地方,二百里以内必有一城塞以居以安。此正我先民当时殖民之惟一武器,而民族自卫之一种象征也。历史上开疆辟土之豪杰,我国民未尝加以特别的赏赞,而独于效死勿去之英雄,则啧啧焉诵之而犹有余欣。降及近世湘军之札死寨、平捻之筑长壕,盖犹是国民性之一种遗传而未替者也。故民兵制者,最适于国民性之军事制度也。

呜呼我国今日,乃日日在威胁中者,非彼侵略性之国家为之厉哉?然则彼利急,我利缓,彼利合,我利分,彼以攻,我以守。此自然之形势,而不可逆者也。三十年来袭军国之貌,专以集人,悉索天下之财,以供其食。其自兵言也,则以养十兵之费,而不得一兵之用,其自民言也,则以五人之所出,不足以供一人之食。物极必反,此其时盖已亟矣。夫不于国民自卫上立一根本政策,微独裁兵为不可行,即裁矣,其为祸于将来,殆亦与当年之军国论相同,抑且或过之也。

民兵制之善美洵有然矣,虽然,将何法以实行。二十年来军国民教育之声盛倡于朝野,夫固曰救中国之积弱,而自强之结果乃适以养成今日之伪军阀。今我侪乃趾高气扬,以谈民兵制,若仍是一循旧法,则诚不过一种名词之改革耳。伪民兵之结果或者更甚于伪军阀,吾侪殊不敢断言。吾侪既具有往昔失败之经验,则于此种新名词新方法更当加一度之思考。

且义务民兵制者,实一种最进步的军事组织,其为事业之久远与规模之扩大,虽以今日之英法,尚且有志而未逮。卓莱氏曾有言曰:

> 各国现行军制中,其性质为国民的,其精神为民主政治的,则莫瑞士若也。

> 所以然者,曰瑞士之军事生活,与民事生活溶成一片。其所以能溶成一片,则以其在营时间至少也,则以其征募非仅为地方的而为地段的也。则以其举无量数健全之市民而为"地段部队"之组织也。虽然吾不欲举瑞制而直移植于法也。盖瑞制之于瑞士诚哉其

为尽善尽美，若移植于法，则尚须若干之重要的修正，其修正之标准以适于法国国情为度。

即以常备军教育论，瑞士之所谓幼年青年军事预备教育的习惯，法国则全然无之。此种习惯必也于不恃军队为侵掠之国家始能养成之。必也于不视军人为特别阶级之国家始能养成之。必也于仅以军队保护国民之独立及人类之正义之国家，始能养成之。法国国民若了解此义则此习惯之于法国油然生矣。顾频年以来，法国之民主政治，法国之军事教育，皆不足以使法国国民了解此义，皆不足以使法国油然生此习惯。是故必假严重法律之规定，以代习惯之缺点而后可也。其在瑞士固已有此习惯也，固有之而且坚者也；有之且坚，其法律尚规定之而不一任其习惯，而不一任其人民之自动。然则无之之法国，其可不亟设严重法律以策行之哉。一八七四年以来瑞士法律规定之曰：

"凡少年自十岁至初等小学毕业之年龄，无论其在小学与否，皆须以乡村政府之注意，而从事体育操练，以为服兵役之准备。"

瑞士之义务教育。至十四岁而止，故凡自十岁至十四岁者，皆当从事体育操练，以为服兵役之准备也。自初等小学校毕业至入新兵学校之年，即自十五岁至二十岁时，少年皆当继续此种体育操练，且自十八岁至二十岁尤当加入射击演习。据烈马翁（Lemant）之说，自十五至二十之体育操练，法律虽已规定其原则，而施行细则，至今尚未规定。是故军事预备教育之在瑞士自十岁至十四岁为强制的，自十五岁至二十岁为习惯的。即弱半在夫政府之监督，强半在夫国民之热心也。

其在法国，若一任国民之热心，则有两重之危险。第一国民既无此种习惯，则对于军事预备教育之意义，自不十分了然，不了然则无兴味，无兴味则行之不力，而其事难于收效。第二行之即力矣，而以习惯不深，辨别不明，政治家往往藉办此种体育团体，而牢笼煽惑其所属之少年，于是少年比及成年，或对内各依所亲，而入主出奴，以分党派。或对外而为好战复仇的行动；欲免去此两重危险，则一面须教育以新其内，一面须法律以齐其外。新其内者，王道无近功。齐其外者，治标之急务。故吾谓实行军事预备教育于法国，急宜严定法律以策其实行，并宜严定制裁以罚其行之不力。

夫以中国好浅尝、重形式之习惯既如彼，而新制之久远扩大而难行又如此，卓莱氏欲移植于法，且不能不郑重再三。吾侪欲以之移植于中国，而不于中间得一过渡之要点，则亦唯是名词之变易，而于事实无当，吾思之，吾重思之，而得一着眼点之所在也。其点维何，曰执简御繁是已。

自近世盛谈法治，而欧洲诸国之繁密典章，日日输入于中国，强以负于窳陋腐败之行政系统上。是故动则烦民，而事仍不举。而作伪之风，乃相加迄以无已。若户口调查，若义务教育，若清理田赋等，皆是也。中国素以冗员闻，其实真正欲举一事，则行政官吏之数，当较现在加数倍。此又与上文养兵三百万之说相类矣。盖中国社会中最大缺乏者，实为组织能力。故无论何种新制度，必先得一种执简御繁法，而后新制度乃可望其有成也。

（按）吾之所谓组织云云者，盖兼时间空间而言。国家之事业，以百年计，而人类之事业，至多不过二十年、三十年，前人之事业，非有后人继之，则必不能成。况军事以财政关系，其所以能以较少之费得较大之力者，全视乎时间上之腾挪，而中国行政之于此，则缺乏之甚者，此言时也。至于幅员之广大，风气之不同，交通之不便，则空间之阻塞为力，亦复不少，而所最感困难者，则尤在国家之无组织能力。

所谓简者何物乎？盖即制度中最后之一点精神是也。譬之种植也，择其一粒种，而置之风日适宜之地，而勤其朝夕灌溉之功，则不劳而其根自植。不此之务，或截其一枝而移接焉，或竟欲为整个之移植，其劳无艺,而枯萎乃日相续,中国之新法皆截枝之类也。

义务民兵制之种何在乎?曰,即所谓军事生活,与民事生活溶成一片是也。而其机括乃在教育,平时之军队,一教育机关也。平时之学校,亦一教育机关也。然则何以不在学校而在军队?军事上研究有若干点非在军队教育不可?军队中之体育与学校中之体育,其不同之点何在?军队之射击与猎人之射击,其不同之点何在?军队中之精神讲话,而移之于学校讲堂中,其不可能之要旨何在?如是种种分析之结果,而得最后之解决曰,各种教育,件件可于学校行之。惟大规模之群众运动与生活,非在军队编制之下,不能植其础。然学校固不能用军队之编制,而军队则固可以仿学校之办法。不惟办法,且并名义而可易也。故瑞士之常备军,不曰军队,而曰新兵学校。

是故欲立义务民兵之基础,其在中国只须简单明了之两律:

其第一律曰,自今以往,凡师范中学校之学生,非受过三年间共六个月(每年二个月)之军事教练者,不得毕业。

其第二律曰,自今以往,无专门学校以上毕业之文凭,(已受过六个月军事教练者)不得为常备役之官。

无论今日学校若何之不完备,今日军队若何之不整顿,苟能将军队与学校之界限中沟通一条道路,则民兵制之于将来自能逐步发达。此二基础不立,则虽有繁密之法律,恐亦无所用之也。

虽然上述之义,不过为国家将来之一种方针,以示(1)护国义务非一部分专门人所能独占,尚当公之国民全体,(2)军事教育之精神,实能依健全之常识,而益增其度,云耳。至于目下事实上之国军建制法,则断不能以此自足,而其事之有待于吾人劳力者,正复绝大也。

此种事业,实有赖于军事上一种组织天才,在欧战之初年,将军伯鲁麦曾论英国之运命,当视其陆军卿吉青纳之组织天才以为定。彼以为英国拥广博之资源,其缺点乃在平时无适当之组织,以予观于中国,

其事乃正复相类。而今后之有赖于此种天才者,其激切乃更无等。此种天才必具有左之三条件:

其一曰,大胆的创造力。凡制度之为事,最易蹈陈袭故。人民一旦习惯而骤欲易之,则每觉其扞格难通,务必恢复其原状以为快。即貌曰改革,其实所谓改革者,仍是一种因袭。而不知真正制度之原始,无一不自创造来也。

其二曰,致密的观察力。今日军队必合社会上各种力量而后成,决不能如古武士之独居孤堡,以自张其军。极端言之,彼对于社会上无论何事皆当用一番观察工夫,盖国家为一整个,军事组织又为一整个,牵一发则全身动也。

其三曰,彻底的行政能力。纵有方法而使弱者当其任,则效不见而信不能立。此在中国群众政治之下,而行政系统又极窳陋者,其为用尤属紧要也。

天才的立法家,可遇不可求。而吾人以其诚之力与智之光,则根据于国民全体的组织能力,而于将来民军组织之大纲,得其要领如左:

一、建制之主义——以自卫为根本原则,绝对排斥侵略主义。

二、编制之原则——军事区域之单位宜多,而各单位内之兵力(平时)宜少。

三、建设之顺序——以京汉铁道以西为总根据,逐渐东进以求设备完全。

今试依上文原则而立具体之方案如下:

凡军队别为三种:

一曰干队 以十八万乃至二十万人为最大限。

其任务(一)为战时军队编成之骨干,(二)为平时国民军事教育之机关。

编制 全国设百二十个军事区,为国防之据点。每区以步兵千二百人为干，而斟酌地势附以特种兵。其在黄河流域以内，至少须设置七十个以上（其余之特种兵役，得另集为集团教育，如骑兵、炮兵及其他技术诸部队之类）。此军事区之司令，以将官为之，为地方军事之最高长官，其幕僚之组织应较大分为二部。

第一部　即师团司令部之诸官。

第二部　即联队区司令部（管理征兵事宜者）兵器支厂及战时留守司令部之诸官。

补充　仍用召募法。现役以八年为期，退为预备役四年。凡曾受义务教育年在十九以上二十四岁以下者始得应募。

给养　除公给衣食住外，其饷项第一年月约三元，第二年月四元，此后按年以月增一元之率递增。

教育　除第一年专教军事动作外，嗣后除一定之训练及教育新兵外，逐年递增普通学功课，其程度以中学毕业为基准。

升级　第七年第八年兵，均为下士。第八年退伍后，得依相当之顺序，升为预备或现职官长。

退伍　退伍后四年中动员时，仍负应募之义务，炮工兵对于交通、内务诸行政部及各种官营事业之相当官吏，有尽先任用之权。步骑兵对于教育部及地方诸行政衙门之相当官吏有尽先任用之权。

二曰正规军或曰国民军　以战时得员百五十万人为度，用义务制其原则如左：

凡军事区之大小范围，以周围四日行程为原则，不必区区相连，其人口过密过疏之地点，另定之，凡在军事区范围以内之人民，负有兵役义务。

兵役义务为十二年，自二十岁起至三十二岁止。

服役义务为二个年，每年三个月共六个月以阳历十一、十二、正三个月为准。应召义务，十年间共四回，一回约一个月。

此项正规兵，以十年间完成。每年应征集十六万人。第二年终之在营最大给养额为三十二万人。

服役时期中，仍给月饷月约三元。被服粮食由公给。

三曰义勇兵　人数不定，即凡中学校毕业曾受军事教育者，战时得自以志愿呈请本区司令部，服特种勤务。

此外尚有数事应注意如下：

（一）物质上之准备　一为兵器，上海、广州之兵工厂，应改为民间工业之用，而于太原设兵工厂，俾与巩县、汉阳成三方面兵器补充之根据地。二为装备，武胜关、兖州附近应特别设辎重材料厂等，俾南方兵力移动至北方时，得相当之准备品。三为交通，沿津浦、京汉间之东西行国道及河流，应先着手整理。四为要塞，东部各据点，视形势之必要，得为要塞之设计，其要点另详。

（二）内部治安之责任，此事若以径付诸民事长官，则势有所不能。若以付诸军事区之司令官，微独区域范围有过大之害，且将此基干队绝对变为驻防性质，有事时，将无一兵之可动。以吾计则内部治安，当分任其责，即镇压防守之责任，应绝对责诸民事长官，惟有大部匪徒，非剿不可者，则始用干队限期以集事，此为现在过渡时代之办法。其实此百二十个区域既定，则匪之区域，天然自会缩小，盖彼只能活动于纲眼以内。而不能活动于纲眼以外也。

此种制度，实一种军事的教育化，与其谓为军事的变态组织，无宁名之曰学校的变态组织。其优点在以少数之费用得确实之自卫方法，所谓国防上之经济效率，全世界均同此趋向者也。此稿初成，乃得最近之日法美各国之军制改革计画大要，则其大致乃相差不远，而尤以美国目下之制度为相近。乃知此后世界之军事趋势殆将殊途而同归。而中国除甘心沉沦，不欲自列于世界中之一国外，则舍此之外，别无他途可走也。

第二章　军国主义之衰亡与中国

（民国十一年作）

一二年来，"军国主义"四字，已成为社会上之共同攻击目标，此其原因有二：

（一）十年来武人政治之结果，社会纷扰，民生困穷，而武人自身之贪暴，尤为国民指摘之媒。

（二）欧战之兴，西方则感于德军之横暴，东方则感于外交之失败而军阀派侵略主义之罪恶，遂为一种鼓吹敌忾之用。

此二种立脚点，盖绝对不能相混同，然言论既处于不自由之地位，谈外交，则须避德探之嫌疑，谈内政，则须避过激之徽号，不得已，借德国之失败，乃为之大张旗鼓曰"军阀灭亡"，曰"军国主义失败"，盖一种象征文字也。故终始不见有一种斩绝明了之议论。

吾今试发一问曰："公等竞言废军阀矣，今若有人焉，一战而侵地复，再战而藩服兴，公等将欢迎之乎？抑反对之乎？"反对之，则是承认侵地藩服之当然割于人也；欢迎之，则是固军阀之开山祖也。

是故攻击外国之军阀为一事，责备国内之武人又为一事，虽然，吾文宗旨，乃不在攻击军阀，亦不在责备武人。

何以故？著之空言，不如见之行事之深切著明也，彼军阀与武人，方且日日以事实宣布其罪状于国民及世界之前。其倾全力以自杀也，惟恐其不速，惟恐其不极。吾人于此，而乃以空言责之，于势为不必，于情为不忍，即哀矜焉，为之垂涕而道，而于事亦无补者也。

吾之宗旨，乃在表明此后世界之军事潮流乃与我中国民族之特性及历史在在相吻合，而国家之未来乃日日在光荣之进步中，使吾国民于此可以得无量之欢喜与慰安者也。

自世界交通以来，人类对于国家之观念，大别为三种：

一、以国家存在谓不必要者，以为人类之幸福，发生于互助，互助者，人与人之关系，而家，而市，而邦，而国，皆不过一种历史上之过渡，然以经济制度之关系，而国家一物，乃为人类互相残杀之根本。是谓极端之"大同主义"。

二、承认自己国家之存在，而同时以同等之理由，承认他人国家之存在而尊重之者。法国卓莱氏所谓"大国家主义"者也。

三、承认自己国家之存在，而同时否认他人国家之存在，以为他人国家之存在，根本上与自己国家存在不相容。此则近世所谓德国学派之"国家至高主义"者也。（国家至高云者，寻常对国内之个人言，其实为否认他人之国家也。）

原欧美国家成立之方式，则亦有三种：

一、君主统率其民众而使之团结者，如拿破仑及其以前之法国是也。

二、由人民个性之向上，而自行团结者，如今日之法美是也。

三、有贵族上挟君主，下率平民，而团结成为国家者，如战前之英德是也。

军国主义者，以第三种贵族国家之形式，而实行第三种国家最高主义者也。故其成立之要素，有绝对之条件二，相对之条件一。

绝对条件：

一、贵族政治　国内有多数之贵族，其组织之坚强，道德之高尚，足以统率全国国民，而其时人民，适当旧历史之信仰未去，而新世界之智识初开。

二、侵略主义　国外有明了之目标，以为侵略主义之根本，而国民对此目标，有历史上之遗恨，故能于时间空间上，为统一之行动，而能成功。

（注）所谓"世界政策""大陆政策"者，皆侵略主义之进一步而失其目标者也，其结果，对内则目标消灭，而国民之统一力不坚，对外则遭群强之忌刻，而协以谋之，故其失败可操券而待也。

相对条件：一曰地狭，二曰人稠，三曰国贫。狭则便于组织，稠则富于供给，贫则国民自身感于侵略之必要。在历史上求此种条件理想的适合者，则为十九世纪上半期之普鲁士、二十世纪初元之日本。而其军事制度，则有特点二：

一、励行阶级的强迫的军事教育。盖贵族制度，以阶级为团结之唯一要义也。

二、维持极大之常备兵，盖侵略主义，以攻击速战为成功之条件也。

是故军国主义者，姑无论其于理为不正当，于事为不成功。即正当矣，亦决非吾中国之所得而追步者也。今日则事实既以相诏矣。三十年来，弃其固有之至宝，费高价，购鱼目，而且自此于他人之珠！呜呼！此亦拜邻之赐多多也。

我国家根本之组织不根据于贵族帝王，而根据于人民，我国民军事之天才，不发展于侵略霸占，而发展于自卫，故吾今者为不得已乃创左之宣言。

我国民当以全体互助之精神，保卫我祖宗遗传之疆土。是土也，我衣于是，我食于是，我居于是。我祖宗之坟墓在焉，妻子之田园在焉。苟欲夺此土者，则是夺我生也，则牺牲其生命与之宣战。

是义也，根据历史，根诸世界潮流。

虽以孔子之学理，定君权于一尊，而终不能改尧舜禅让、汤武革命之事实，使后世之二十五朝，变而为万世一系君主之相续权，不操诸君主，而操诸人民，此真吾国体尊严之大义也。而秦汉以还，阶级制度，消灭殆尽,布衣卿相,草莽英雄,而农民自由,尤为吾中国国家社会之根本。以视彼欧人侈言自由,而农奴制消灭,仅仅在六十年前者,何可同日语。故一部二十四史入于帝国主义时代之眼中,为一片失败羞辱史,入于民主社会主义时代之眼中,则真一片光荣发达史也。

若夫军事天才,则孙子实首发明"能为不可胜,不能使敌必可胜"之原则。(欧人兵略之精者,孙子多言之,而孙子此义,则吾遍读各大兵学家之书未之见。)而自华元守宋,乃若赤壁之战,睢阳之守,而坚壁清野,而保甲团练,乃至近世湘军之兴,盖皆寓积极于消极之中,利用国民自卫之心以卫国,而无不有成。盖历史之遗传,与环境之影响,使我国民视侵略为不必要,自卫为当然权利,其至高之道德,乃适为今日与世界相见之用也。呜呼,岂不伟哉!

(注)虽以侵略主义之国家;亦必借"国防"二字以自掩饰。虽然,充其国防之意义,则虽全太阳系为其军略上所占领,而未有已也。甲与乙邻也,乙不得,则甲危,固也,乃得乙,乙又与丙,丙又与丁,其邻也,乃相续于无穷。则虽占领太阳系,而此外之恒星犹无穷也,此种国防政策,他人不之信,即自身之国民亦不之信。自欺欺人,以盗灿烂之勋章而已。

是故吾中国之不得志于十九、二十世纪之交,则事理之当然者也。何也?性不过于军国主义也。虽然,侵略政策、国家主义,终有一旦之自毙。故欧战一起,而世界之新局面开!今姑就军事范围言:

欧洲百年来军事组织,以德法为两大宗。今试问德国,此后之军事,将何适之从?将惑于外患而仍奉其权于贵族乎?事固有所不可。将以除贵族之压制,乃欢欣鼓舞,悉悉唯他人之命是听乎?心固有所不甘。然则必出于一途也可知已,曰:发达其国民之个性,利用其乡土观念,以自卫是已。军事进化之潮流,必由专门性而递入于普通性。十八世纪之募兵,专门职业家也。十九世纪之征兵,则渐进为普遍性,唯组织根据,仍在贵族与阶级耳,而二十世纪之国防责任,乃不在精练之兵,而在健全之民。其一切制度，亦将变为社会之普通物。此则欧战时，美国已为之开先例。而德人受条约之束缚，将舍此莫由者也。

然则法国战胜国也，可以维持其军队矣！信如是也，则吾敢决二十年后，法必为经济之亡国。呜呼！吾读卓莱氏之《新军论》（原名为《国民之防御与世界和平》）而怦然心动也！卓莱为社会党首领，以极端反对战争之人，而生于不能不战之国。彼乃于两极之间，为法国，为世界，战后之军制，立一大原则。其大意以瑞士之国民兵制度为基础，以少数之干队，为全国军事之教育机关。废二年兵役，而以其一年半之教育，分十年，注入于国民教育之内。今战后布置，虽未获其详，而复员后半减其现役额，奖励青年团，移军事教育之重心于小学校，则其政策端绪之可见者也。

是故新军国主义者，根诸历史，根诸世界潮流，而其办法，则别大纲为二：

一、撤销常备军，以少数之干队，立国民军之基础。

二、实行平等教育以互助代阶级，不求得精练之兵，而求得健全之人民。

至于从中国现状言，吾侪所最感危险者，即邻近富于侵略性的国家。《三国志》刘玄德有言：“今与我争天下者曹操也，彼以诈，我以仁，必事事与之相反，乃始有成。”我侪对敌人制胜之唯一方法，即是事事与之相反。彼利速战，我恃之以久，使其疲弊；彼之武力中心，在第一线，我侪则置之第二线，使其一时有力无用处。

惟所谓“国民防御”，所谓“国民自卫”，乃指国家军事之大方针而言。与战略上、战术上的攻势守势不可相混，上文所谓自卫主义、侵略主义之利害，不能以之作战略战术上之攻击防御利害解，而军事上之自卫主义与军事教育上的攻击精神，不仅不相妨害，且有相得益彰之理。兵略上攻击精神是战胜唯一要件。但攻击精神，如何才能发展。用兵是用众，凡群众运动之要诀，第一在目的明了、理由简单。国民为自己生命财产执戈而起，此是最简单之理由，最明了之目的，是为攻击精神之核心。苟培养得宜，即开花结果。德国此次战败之原因，自兵略言，即是目的不明了、理由不简单，自宣战理由言之是攻俄，自军事动作言之则攻法，自最后之目的言，则在英。失败之大原因，即完全因侵略主义。野心者视此土既肥，彼岛更美，南进北进名曰双管齐下，实是宗旨游移，而其可怜之人民只有一命，则结果必至于自己革命而后已。

第三章　义务民兵制草案释义

义务民兵制草案者，法国前社会党一首领卓莱氏采瑞士之义务民兵制度，案诸法国国情而改良之，欲以提出于议院者也。为鼓吹此种制度，乃著一书曰《新军论》，一名《国民防御与国际和平》，其大要，以为吾人确信战争为一种罪恶。吾人确信侵略主义必终失败，虽然吾人乃日日在被战争侵略威胁之中。呜呼！此法国战前之形势，抑何与中国相类也。又以为国民为军事上负至大之牺牲，而究其实质之所得，乃适相反，是自杀也。此则中国今日形势，虽较法犹为过之，而不知其几倍者矣。

卓莱氏以反对战争之人，而生于不能不战之国，方欧战之初起，拟往比利时开万国社会党同盟大会，用全欧罢工政策，以阻止战事之发生，而法人乃激于敌忾者，以其主张和平反对之，卒为狂汉刺死。时千九百十四年九月一日也，志士多苦心，此之谓矣。然其《新军论》，于法国之自卫主战及方法，深切著明，欧战后不胫而走全欧，今英德二国，尤乐诵其书焉。

世界各强国之军队事业，姑无论其为侵略、为自卫，其朝夕之所孜岌遑遑者,盖实为教育一事,平时之法令章制,亦大多数根据于是,此草案则亦一种教育方案也,彼其责任,即实行此方案责任者,义属诸民治方面者盖较军人方面为尤重,谓之为武人之文化可,谓之为文人之武化,亦可也。

抑愚尤有感焉。卓莱氏以政党之魁,而对于兵事上知识之完备,眼光之正确,专门家且惭焉。则信乎法国议员之可以任陆军总长,而赳赳者乃悉降心焉。盖惟政治家教育家等能共负此自卫国难之责,不以此至难之业,至高之名誉,专付之军人,而后武人偏僻之见可以消,专横之弊可以免。呜呼! 此亦一治本之策也,世之君子,盍其念诸。

　　义务民兵制草案（法社会党首领卓莱氏拟）　　刘文岛
　　　　　　　　　　　　　　　　　　　　　　　　　　译
　　　　　　　　　　　　　　　　　　　　　　　　廖世勋

　　第一条　凡健全之民,自二十岁至四十五岁,皆有协助国民防御之责,自二十岁至三十四岁为常备役;自三十四岁至四十岁为后备役;自四十岁至四十五岁为守备役。

　　第二条　常备役人民组为若干师,各师按其所辖之地段,组织其征募区,各师组织以若干步兵团为主,而辅之以骑兵队,炮兵队,及工兵队。步兵团分为若干步兵营,步兵营更分为若干步兵连,骑兵团分为若干骑兵连,炮兵团分为若干炮兵连。

　　第三条　按人民之居住地段,划定军队之初级部队,每初级部队人员,以于同一地段内征募之为常例,然无论何时为充足骑炮工等特种兵之初级部队人员起见,得扩充此征募地段,但以不超过其师团之征募区为限。

　　第四条　常备兵之教育凡三种:曰儿童及青年之预备教育,曰新兵学校之教育,曰定期召集之教育。

　　第五条　预备教育,为自十岁至二十岁之儿童及青年而设,其主旨不在造就一军事速成生,而在夫致其身体之健康与活泼。其方法,先教以徒手体操,各种步伐,协同动作,敏捷及巧妙的游戏,射击练习等;然后按顺序,教以击剑乘马等,俾与日常之合规操作相融习,期以激发其竞争心,以期随各人之天禀,而发展其机能之力,以期疗治,或预防其身体之损坏,负管理及检查此生理的教育之责者,为所属部队之军官及下士官;为官立私立各学校之教员;为地方医生;为三十人军事改良顾问会此三十顾问由各团征募区以普通选举选出之,所以代表各种兵者也。

凡青年乘马须于教员指导之下行之。

凡教员为克尽此生理的教职计,须在师范学校,受过特别的教育。

凡儿童及青年被召集演习时,为其家族者,须教训其子弟,周慎热心以从事。儿童及青年之懒惰性成者,将科以种种刑罚,或于一定期间内禁止其从事公职,或延长其新兵学校之在学期间。

对于最热心最进步之个人及团体,奖赏之,褒扬之。

第六条　凡青年满二十岁至二十一岁时,则使入其最近卫戍地之新兵学校,按其兵种,或教以步兵连演习,或教以骑兵连演习,或教以炮兵连演习,学期皆以六个月为限。

此六个月教育,或一次受之,或前后两次受之,然两次分受时,须于一年以内完了之。受此教育之召集时机,须注意选定之,以能于野外演习,利用各种地形为度。

由新兵所形成之教育团体,非为一有机的且常设的部队,新兵教育受了之后,则各散归如第三条所述初级部队之居住地段。

第七条　常备役人民于新兵学校毕业后,尚有十三年之勤务;十三年中召集从事于演习者凡八次,四次为小部队演习,四次为大部队演习,两者更番举行,是为常例。小部队演习期限凡十日,于其本地或本地邻近举行之,大部队演习期限凡二十一日,于较远之地及军队野外暂驻所举行之。

军队野外暂驻所须增设之,俾四倍于现有之数。

凡在同一部队之人民,须同时召集之。

凡军官下士官及军事改良顾问等,须勉厉兵卒于规定演习之外,常热心练习行军射击等事。

各兵卒自藏军服于家,如有损坏,须负赔偿之责。

东边各省(即德国接壤)各兵卒,须藏兵器于家。炮兵诸藏所及骑兵储藏所,须分设于其各地。又须于其地建设纵横辐辏之各种道路,俾火车无轨列车自动车等来往敏捷,输送频繁,则一旦临事,其地人民始能迅速动员,即刻集中;以掩护全国之一般集合,飞行机等亦须集中于其地。凡全国飞行人员学习三个月后,皆当赴其地之军队野外暂驻所,补习飞行,以完全其教育。

第八条　军官由两部而成,其一即下士官与本职军官,其他即下士官与民事军官。

惟本职下士官担任新兵学校之教育。

新兵在学三个月后,则选择其能干者,为下士官职务之准备。选择时,以其在预备教育时代之成绩,在新兵学校之行为,及其普通教育之程度为标准。

下士官教员委任之,委任时须得团委员会之同意。团委员会之会员为团长,各级军官之代表,由普通选举,选出之军事改良顾问等,下士官候补生在新兵学校准备三个月后,若认合格,则送入下士官学校肄业;三个月毕业后,则派赴各该候补生居住地段之部队,或其居住地段邻近之部队,充当下士官。

无论何人不能辞却此种委任,被委者若不愿意,强制之。

下士官学校之学生,受相当之日俸。

下士官执勤务时，须予以相当之俸给，久于其职之下士官，无论其从事于何项公职，均得以下士官名义，领受资深奖金。民间厂主店东等，须为下士官组织师会社，适应各下士官之性能，予以相当之位置。五十以上之下士官，得受养老年金，士官之缺，须以下士官之资深者升补之，下士官之多数，终升为少尉或中尉。

第九条　军官额三分之一为本职官。

各种劳动会社，如劳动委员会，如劳动协助会，如劳动共济会等，均得共给学费，为其会员优秀子弟之军官准备教育费。

法国重要之大学凡六，以各大学所在地为根据，划分全国为六区，即各区之大学内，各设一军事研究班，凡有学士文凭之青年，试验及第而又受过新兵学校六个月之教育者，得入此军事研究班肄业。此军事研究班，四年毕业，教以各兵事之特别学术，其学员除军事学外，应竭力随同大学之普通学生研究历史文学哲学社会经济学，以及其他高等科学，以为他日管理指挥新兵学校之用，学员在学期间，受国家之日给，其家属贫者，亦得受补助费，四年毕业之后，则授以少尉，或使教育新兵，或使指挥部队，或同时使兼两职，其于大学之年度，则按毕业之先后计算。其资深者得尽先补充大尉之职，此等少尉进级之先，须在大学军事研究班，最少受过二十日之特别教育，为升级之准备。关于军事教育问题，大学校得开陈意见于军官，或军官团，本职军官，有会同教员及由军事改良顾问会，所选出之委员，监视预备教育之责，且有助成民事军官教育之责。军官试验及第之后，得入陆军大学，陆军大学者，所以养成高级军官之人才，所以养成参谋职务之人才，所以整顿划一各大学军事研究班之教育，陆军大学之课程，须陆续授予各大学之军事研究班。

第十条　军官额三分之二，为民事军官，民事军官征选于民事下士官之中,供职于其居住地段之部队,或其居住地段邻近之部队。

凡人民或于大学或于省城,受过军事特别教育者,则给予一种军学文凭,有此文凭者,得连续取获军官之职,得享受资深奖金,无此文凭者,不得受医生律师工程师教员之文凭。

民事军官亦得受俸给,久于其职者,无论其从事何项公职,亦得以民事军官名义领受资深奖金,五十岁以上者,亦有受养老年金之权,下士官被任为军官时,无论何人不得辞却此委任,如志愿候补者不足时,或志愿候补者程度不足时,得强制征选以足其额。

第十一条 军官升任分为两种,一曰叙升,一曰选升,如民事军官之任命,其一半即自军官中之有军学文凭者叙升之,其他一半则自无军学文凭之下士官中之能干者选升之,大半选升为少尉及中尉,少尉中尉以上,不得由下士官中选升之,然为数渐少。

第十二条 军官升任,须按表行之,此表之造成者,为团委员会及师委员会。此等委员会之会员,为团长师长,各级军官之代表,由普通选举选出之军事改良顾问等,如须投票时,以上各会员各有一投票权。

第十三条 军官年龄达三十四岁以上者,依其志愿仍可供职于常备兵。然有供职于后备兵及守备兵之必要时,则须供职于后备兵及守备兵之步队,且值必要时,得同时兼常备兵后备兵守备兵各部队之职。

第十四条 后备兵部队由满三十四岁至四十岁人民之隶属于邻接的常备兵部队者而成。守备兵部队由满四十岁至四十五岁人民之隶属邻接的后备兵部队者而成。后备兵部队及守备兵部队之军官,或为在常备兵部队之旧军官,或为常备兵部队之下士官直接升任者。

第十五条　陆军总长关于军队之集中，粮饷器械之运搬储藏等，平昔须为一切必要之处置。一俾旦临事，常备兵能完全利用，以作第一线之军队。

第十六条　此种军队，为防卫国家之独立，攻击敌人之侵略而设，战争非由于防卫，则是一大罪恶，政府竭尽调处手段，而相对国家不受调处，或调处不谐，至不得已而宣战，则此种战争始可谓为防卫的战争。

第六篇　中国国防论之始祖

（《孙子新释》,民国二年著）

缘　　起

　　往者在东,得读《大战学理》及《战略论》诸书之重译本,尝掇拾其意义附注于《孙子》之后,少不好学,未能识字之古义,疑义滋多焉。庚戌之秋,余将从柏林归,欲遍谒当世之兵学家,最后乃得见将官伯卢麦,普法战时之普军大本营作战课长也。其著书《战略论》,日本重译者二次,在东时已熟闻之矣,及余之在德与其侄相友善,因得备闻其历史;年七十余矣,犹好学不倦,每岁必出其所得,以饷国人。余因其侄之绍介,得见之于柏林南方森林中之别墅。入其室,绿荫满窗,群书纵横案壁间,时时露其璀璨之金光,而此皤皤老翁,据案作书,墨迹犹未干也。余乃述其愿见之诚,与求见之旨。将军曰:"余老矣,尚不能不为后进者有所尽力,行将萃其力于《战略论》一书,今年秋当能改正出版也。"乃以各种材料见示,并述五十年战略战术变迁之大纲,许余以照片一,《战略论》新版者一,及其翻译权。方余之辞而出也,将军以手抚余肩曰:"好为之矣,愿子之诚有所贯彻也,抑吾闻之,拿破仑有言,百年后,东方将有兵略家出,以继承其古昔教训之原则,为欧人之大敌。子好为之矣!"所谓古昔之教训云者,则《孙子》是也(是书现有德文译本,余所见也)。顷者重读《战略论》，欲举而译之，顾念我祖若宗，以武德著于东西犹复留其伟迹，教我后人，以余所见菲烈德、拿破仑、毛奇之遗著，殆未有过于此者也。子孙不肖，勿克继承其业，以有今日，而求诸外吾欲取他国之学说输之中国，吾盍若举我先民固有之说，而光大之。使知彼之所谓精义原则者，亦即吾之所固有无所用其疑骇，更无所用其赧愧。所谓日月经天，江河行地，放诸四海而准，百世以俟圣人而不惑者也。嗟夫，数战以还，军人之自馁极矣，尚念我先民，其自觉也。

计　篇

　　总说　此篇总分五段，第一段述战争之定义，第二段述建军之原则，第三段述开战前之准备，第四段述战略战术之要纲，第五段结论胜负之故。全篇主意，在"未战"二字，言战争者，危险之事，必于未战以前，审慎周详，不可徒恃一二术策，好言兵事也。摩耳根曰：事之成败，在未着手以前，实此义也。

　　兵者，国之大事；

　　毛奇将军自著《普法战史》开章曰："往古之时君主则有依其个人之欲望，出少数军队，侵一城，略一地，而遂结和平之局者，此非足与论今日之战争也；今日之战争，国家之事，国民全体皆从事之，无一人一族可以幸免者。"

　　格鲁塞维止著《大战学理》第一章，《战争之定义》曰："战争者，国家于政略上欲屈敌之志以从我，不得已而所用之威力手段也。"

　　伯卢麦《战略论》第一章曰："国民以欲遂行其国家之目的故，所用之威力行为，名曰战争。"

　　案既曰"事"，则此句之兵，即可作战争解，顾不曰战而曰兵者，盖兼用兵（即战时运用军队）、制兵（即平时建置军队）二事而言之也。兵之下即直接以国字，则为《孙子》全书精神之所在，而毛奇之力辟个人欲望之说，伯卢麦之一则曰国民、再则曰国家之目的，皆若为其注解矣，岂不异哉。

死生之地，存亡之道，不可不察也。

案死生者个人之事，存亡者国家之事，所以表明个人与国家之关系，而即以解释上文之大字。察者，审慎之谓，所以呼起下文种种条件：

第二段

故经之以五事，校之以计，而索其情，一曰道，二曰天，三曰地，四曰将，五曰法。

此段专言内治，即平时建军之原则也。道者，国家之政治，法者，国军之制度，天地人三者，其材料也。中国古义以天为极尊，而冠以道者，重人治也。（即可见《孙子》之所谓天者决非如寻常谈兵者之神秘说。）法者，军制之根本，后于将者，有治人无治法也。五者，为国家（未战之前）平时之事业。经者本也，以此为本，故必探索其情状。

道者，令民与上同意也，故可与之死，可与之生，而民不畏危；

毛奇将军《普法战史》第一节，《论普法战争之原因》，曰："今日之战争非一君主欲望之所能为也，国民之志意实左右之。顾内治之不修，党争之剧烈，实足以启破坏之端，而陷国家于危亡之域。大凡君主之位置虽高，然欲决心宣战，则其难甚于国民会议。盖一人则独居深念，心气常平，其决断未敢轻率。而群众会议，则不负责任，易于慷慨激昂。所贵乎政府者，非以其能战也，尤贵有至强之力，抑国民之虚矫心，而使之不战。故普法之役普之军队仅以维持大陆之和平为目的，而懦弱之政府（指法）适足以卷邻国（自指普）于危亡旋涡之内。"

此节毛奇所言，盖指法国内状而言也。拿破仑第三于俄土、奥义之役，虽得胜利，仅足以维持其一时之信用，而美洲外交之失败，国内政治之不修,法国帝政日趋于危险,拿破仑第三欲自固其位,不得不借攻普之说,以博国民之欢心,遂至开战,故毛奇曰"懦弱之政府"云云。

《普奥战史》第一章摘要,自拿破仑之亡,普人日以统一德国为事,所持以号召者则民族主义也。顾奥亦日耳曼族也,故普奥之役,时人谓为兄弟战争,大不理于众口,而议会中方且与俾士麦变为政敌,举前年度之陆军预算而否决之,千八百六十六年春夏之交,普人于战略政略之间乃生大困难,盖以军事之布置言,则普国着手愈早则利愈大,而以政治之关系言,则普若先奥而动员,微特为全欧所攻击,且将为内部国民所不欲。(西部动员时有以威力强迫始成行者。)普王于是迁延迟疑,而毛奇、俾士麦用种种方法,仅告成功,苦心极矣。数其成功之原因,则一为政府之坚忍有力,二为平时军事整顿之完备,三为军事行动之敏捷,卒能举不欲战之国民而使之能战。

案本节文义甚明,所当注意者为一"民"字及一"令"字,民者根上文国家而言,乃全体之国民非一部之兵卒也。令者有强制之意,政府之本领价值,全在乎此。案正式之文义,例亦不胜枚举,兹特举普法战役之例,以见国民虽有欲战之志,而政府懦弱不足以用之,卒至太阿倒持,以成覆败之役。特举普奥战役之例,以见民虽不欲战,而政府有道,犹足以令之,以挽危局为安全,可见可与之死、可与之生两句,决非寻常之叠句文字。与民死固难(普奥之役之普国),与民生亦不易也(普法时之法国)。

天者,阴阳寒暑时制也;地者,远近广狭死生也;

案观下文"天地孰得"之语意,则知此所指,乃天时地利之关于国防事业者,曰阴阳,曰寒暑,曰远近,曰广狭;皆确实之事实,后人乃有以孤虚旺相等说解天字,而兵学遂入于神秘一门。神秘之说兴,而兵学晦矣(另有说),而不知孙子当时固未尝有此说也。

时制云者,时谓可以用兵之时,制限也,谓用兵有所限制也,如古之冬夏不兴师之谓。日俄之役必择正二月中开战,预期冬季以前可以求决战等类是。

将者，智信仁勇严也。

格鲁塞维止《大战学理》论军事上之天才文，摘译如左：

细论（甲）勇

战争者，危险事也，故军人第一所要之性质为勇：

勇有二：一为对于危险之勇，一为对于责任之勇。责任者，或指对于人而言，或指对于己之良心而言。兹先论第一种对于危险之勇。

此勇又有二：有永久之勇，有一时之勇。永久之勇，为不惧危险，此则或出于赋禀，或成于习惯，或由自轻其生命而生，要之皆属于恒态，永久的也。

一时之勇，由积极之动因而生，若名誉心、爱国心，及其他种种之感奋而出者是也。此种之勇，要不外乎精神之运动，属于情之区域，为非恒态。

二者效果之异，可无疑矣。恒态之勇，以坚固胜。所谓习惯成自然，无论何时，不离其人者也；感情之勇，以猛烈胜，而不拘以时。前者生节操，后者生英气，故勇之完全者不可不并有此二者。

（乙）局面眼（慧眼）果断

战争与劳动困苦相连，军人欲忍而不疲者，则其身心不可不具有一种堪能之力。人苟具此力，而不失其常识，则已适于战争之用。吾侪尝见半开化之国民中，颇有适于战争者，不外具此力也。

若进一步而为完全之要求，则军人不可不有智力。

战争者，推测之境界也，凡事物为军事动作之基础者，其四分之三，常不确实。譬在云雾中，或浓或淡，惟有智力者能判断之，于此中而求其真。寻常之人，或亦偶得其真。又有以其非常之勇，而补其智之所不及者,偶然而已,若综合全体而论,其平均之成绩,则不智者,终不能掩其所缺战争者,不虞之境界也。人生事业中最易与意外之危险相触者,莫如战争,主将于此不能不为之稍留余地,而诸状况不确之程度愈增,事业之进步亦愈困难。

情况之不明,预料之不确实,与意外之事变,常使主将生"所遇者恒与所期不相侔"之感。而影响即及于各种计划,其或竟举前计直弃之,而易以新,而一转瞬间,新计划之根据又不见完全。盖战状云者非一时尽现,日有所闻,日有所异,而此心常皇皇于所闻所异之中。

当此而能镇定者不可不具二种性质:一曰智,智者如行路于黑暗之中,常能保有一点之光明,而知本线之在何方者也。一曰勇,勇者使人能藉此微弱之光明,而迈往前进者也。彼法人之所谓局面眼(慧眼)Coup d'oeil 者,此则谓之果断。果断云者,勇其父而智其母。

此法语之所由生,盖谓战争以战斗为主。而战斗则以时间及空间之两要素为体。当时骑兵之使用,及其急剧之决战,凡一切皆以迅速及适当之决断为成功之要诀。而形容此时间空间之目测力,谓之为慧眼。兵学者,迄今以此古义释慧眼者不少,盖凡动作迫切之时而能下适当之决断者,无非由此慧眼而生。例如发见适当之攻击点等,则尤可见慧眼云者,非仅谓形体上之目,实兼指心目而言者也。

由慧眼乃生果断。果断云者,则所谓责任之勇也。又得云精神之勇,法语名之曰心勇,以其由智所生故也。然此勇之生,虽由于智,而其动则不由于智,而由于情。盖智者,不必有勇,且多智之人,往往有临难而失其决断力者,吾侪所尝见也。故智尚矣,尤赖于情之勇。大抵人当危急之秋,与其谓为智所左右,毋宁谓为情所左右也。

临事之苦于疑虑，尤恐其陷于犹豫也，则果断要矣。世俗常以冒险、大胆暴虎冯河之勇为果断，然吾侪则以为若不具完全之理由。决不许以果断之称、完全之理由，则由智力而得者也。

果断生于智而成于勇固矣。然观察之智，感情之勇，仅曰兼也，实犹未足。所贵者，则二者之调和力也。世有人，其心目颇能解释困难问题，而平生当事，亦未尝无勇。顾有一临应行果断之机会，而忽失其能力者，则智力不融洽。故不能交互而生第三者之果断也。彼无智者，即遇艰难未尝思想，即无忧虑，幸而成功，则例外也。

是故吾辈论果断者由智力之特殊方向而生，与其名之曰英迈，毋宁谓为强硬之脑髓，左之事实，则足以证之，即在下级官时，颇能决断一切，一旦进级稍高，即失其固有之能力者，盖此种人，明知不能果断之害，而目下所遇诸事务，又非从前所习惯，而固有之智力，遂失其作用也。此其果敢之动作，习之愈久，犹豫之危险愈大；见之愈明，而决断力之萎缩乃愈甚。

常住心（恒）

性质之邻乎果断者为常住心。当不意之事变，能得正当解决（此属于智），而急危之际能保守其固有之宗旨者也（此属于情）。固不必属于非凡之列，盖同一事也，出诸深思熟虑之余则为平淡无奇。而当急剧之际乃仍不失其深思熟虑之态度，则常住心之所以可贵也。此种性质或属于智之活动，或属于情之平衡，则视际会之何如以为定。顾智与情二者苟缺其一，则失其常住心。

（丙）不拔　坚固　忍耐　感情及性格之强健

战争者，由四原质所成之濛气围绕之：曰危险、曰形体之劳苦、曰不确实、曰不意是也。入此濛气中而能兼确实之动作与完全之成就者,不能不有赖于智力交互之力,战史所称述之不拔、坚固、忍耐等,要不外由此力之变化而出。简言之则诸英雄此种性质之表现,不过自唯一之"志意力"而出。顾其现象,则相似而不相同。试分析如左:

欲使读者之想像易于明了不可不先提起一问曰,凡重量负担抵抗等之加于主将之心上,而足以挑起其心力者何耶? 答之者必曰,此种重量未必即为敌人之行为也,盖敌人之行动,直接及于兵卒而已,与指挥官不相触。例如敌若延长其抵抗之时间,由二时至四时,则指挥官唯使其部下加二时间之形体危险而已。此种数量,则地位愈高,价值亦愈减,在将帅之地位言,则战斗延长二时间之差又何足论,唯敌之抵抗次第影响于主将所有之诸材料,(合人员材料而言)抵抗愈久,消耗愈多,则间接及于指挥官之责任问题,则是主将所痛心,而意志之力因之触发者也。

然指挥官负担之最重且大者犹不在此。

当军队犹有勇气,犹有好战之心,则动作轻快。其劳指挥官意志之力者盖少,战况一及于困难,则如平常随意运转之机关忽生一种抗力,非敌人之抵抗,而我兵之抵抗也,非必其抗命抗辩也。(当是时抗命抗辩亦时时有之,兹所云者指概况言。)

流血既多,军队之体魄道德诸力均为之阻丧,忧苦之情起于行列之间,而此情遂影响及于指挥官之心,主将于此仅持我心之不动未可也,尤贵逆众庶之心而支之。众庶之心力既不能自支,则其意志乃悉悉坠于将帅一人之上。众庶之希望冷矣,则由主帅胸中如燃之火而使之再温,众庶之未来观暗黑矣,则由将帅胸中皎洁之光,而使之再明,夫如是始足以成功。非然者,将帅将自失其心力,而众庶将引将帅而堕于自卑之域。世有因危险而忘耻辱者。此其由也,是为将帅不可不支持之最大抵抗,此种抵抗,人愈多则愈长,地位愈高则愈重。

凡临战所以激人之感情者甚夥,其能最久而有力者,莫如名誉心。德人于此语附以好名之鄙义,盖谓滥用之易生不正之动作者也。然溯此心发动之原,实属于人性中最高尚之域,而为战争中发生动力之枢纽。彼爱国、复仇诸感奋,或则高尚或能普遍,或能深入,然不能驱名誉心而代之,盖爱国心等为全军所共有非不高尚也,而主将于此则无由自别于群众。而不足生其较部下为更大之企图,名誉则按其等以差,而各种机会各种动作,皆若为各人所私有,无不思所以利用之,以名誉为产业,而各极其鞭策竞争之致,则成功之由也,古来有大将帅而无名誉心者乎? 未之见也。

坚固者,于各事之冲突上所生意志之抵抗之谓,忍耐者则意志抵抗之自时间上言者,二者甚相近,而其本则相异,盖坚固仅由于情之强,而欲其持久不变,则不能不藉于智之彻,盖行为之继续愈长,则对于行为之计画亦愈密,而忍耐力,则实生于智力之计画者也。

(丁) 感情之强健

欲进论感情及性格之强健不可不先释强健二字为何义。感情之强健云者,决非谓感情猛烈,或易于激动之谓。不论何种感动激刺而其人常能随智力为动作者,是为感情上强健,此性质果由智力而生乎,一疑问也。世有优于智力者,而忽为情所驱使,遂妄动妄作者。论者犹得曰智有大小广狭,而此必其小而狭者也,顾吾人则以左说为近于真。

当情之炽而能随智为转移,吾侪名斯人以为有自制之能,此自制力,则生于情者也。伟人当情至于激,则别生一种情以平衡之。而亦无害于前者之激,情得其平而后智力之作用现。顾此特别之情又何自生乎,曰生于自尊心,彼盖终身不忘为万物之灵也,故其动作不背于有智虑者之原则，吾侪以激情虽至极致，而犹能不失其平衡者，谓为感情之强健。

感情上之人物，大别为四类：第一种，为无情之人物。第二种，则情易动而常不逾矩，人所谓多情而静稳之人物。第三种，则其情易于刺激一时虽猛烈，而消灭则甚易。第四种，则其情甚不易动，而其动也不急剧，必以时。顾一旦既动，则且强且久，既深且激。此四种之差别与体魄上亦大有关系，吾侪不欲以薄弱之哲学为高深之研究。但举此四类人而论断其于军事上之关系，兼以释明此感情上强健之义。

无感情者，容易不失其平衡，然不能谓感情强健，盖此种人全无发动力者也。其于军事上有偏颇之器能，用之得其宜，亦足以奏多少之功。顾不能得积极之效果，然亦不至于偾事。

第二种之人物，颇足以经营小事，而临大事则易为所抑压。例如见一人之横祸则能披发缨冠以往，而视及国运之将亡，民生之病苦，则亦徒自悲痛而不能自奋。此种人之于军事，其动作颇能和平，而不能建大功。其或智力出众，未始不可建特殊之事业，然而鲜矣。

情之易激而烈者，既不适于世矣，彼其长在于发动之强，而其短则在经过之速，此种人物若加以名誉心，则颇适于下级军官之用，盖其职务之动作，以短时间而告终也。鼓一时之勇以为大胆之攻击者，数分间事耳，反之一会战为一日数日之事，一战役为一年二年之事业也，则与此种人实不相宜，感情速而易变，一失平衡，即成丧气，是用兵者所最忌也，然必谓易于激动之人必不能保其感情之平衡，是又不然，盖易激之人思想颇高，而自尊之情，亦即由之以生，故其事之及于误也，则常惭愧不能措，故若裕以学问，加以涵养，阅历渐深，亦能及于感情强健之域。

大凡军事上之困难，犹若大容积物之压迫然。旋而转之，非大有力者不可，具有此力者，则惟此第四种具深潜激情之人。此情之动犹若巨物之前进，其速度甚小，其效果则甚大。顾以此种人为必能成功，则亦属误解。未开国之英雄，一旦因自制力之缺乏而挫折者，屡屡见也，是亦由其智力之不足，而易为情所驱使者也，然顾开明国中亦未始无之。

我侪于此不惮反覆重言以申明之，所谓感情上强健者，非其情感发动之强之谓，当强情之发能不失其平衡，而动作犹为智力所支配，譬若大舟涉风，颠倒辗转，而罗盘之针尖，常能不失其方向，是为感情之强健。

性格上之强健

性格之强健云者，即人能确守其所信之谓。所谓信者，固不问其说之出于人，或出于己也。意见之变易，不必由于外来之事物，即一己智力之因果作用，亦足以生影响，故人若屡变其意见，则不能谓之为有性格之人。性格云者，确守所信，而能持久者也。此持久力或由于聪明之极或由于感觉大钝。其在军事，则印象及于感情者强，而所见所闻之变幻不可测，乃至于怀疑之，甚且举其已定之径路而逸出者，决非与世间常事所能同日语。

战时而欲决行一事，其根据大都属于臆测，决不明了。故各人意见之不同，亦以战事为最。而各印象之潮流，乃时刻迫其所信而覆之。此则虽毫无感觉之人，亦不能不有所触动，盖印象过激而强，则其势必将诉诸感情也。

故非见之极深，知之极明，则不能确守其固有之原则，以指导一切，惟原则与事实，其间常有一种间隙，弥缝于其间者则不仅持推测因果之智，且有赖于个人之自信力。故吾人当动作之始，不可不先有万变不离之信条，苟能确守信条，不为物动，则行为自能一贯。此则所谓性格之强健也。

　　感情能常得其平衡，则大有助于性格，故感情之强健者其性格亦多然。

　　吾侪于此，又不能不举类似此性之执拗（愎）一言之。

　　执拗云者，人之所见愈于己而拒绝之之谓。既有能力足以自成一见解，则其智力必有可观者在，故执拗者非智之失而情之失也。盖以意志为不可屈，受他人之谏而不快者，要皆由于一种我见，我见云者，所谓"予无乐乎为君，惟其言而莫予违也"。世有顾影而自喜者，其性质实与执拗类。其不同者，彼则在外观而此则在事实也。

　　故吾人以为感情不快之故，而拒绝他人之意见者，是为执拗，是决不能谓为性格之强健。执拗之人往往以智力不足，而不能具强健之性格者。

案格氏此说，其论果断为智勇交互之结果，及名誉为坚忍之原动等，精矣详矣，顾仅足以解原文之半，何者？盖格氏之说专为临战而言，而孙子之五字合平战两时而兼言之也。曰信、曰仁、曰严，盖实为平时所以得军心之原则，在近日之军，制度修明，教育精密，则有赖于主将之德者较少。三者之用不同，而其极则为众人用命而已。此则军纪之本也。

法者，曲制，官道，主用也。

案，曲制者，部曲之制，官道者，任官之道，主用者，主将之作用也，以今日之新名词解之，则军制之大纲也。主用者，最高军事机关之设备，若参谋部之独立，君主之为大元帅，皆直接关于主将能力，威严信任之作用者也。官道者，所谓官长之人事也，凡进级补官等事属焉。道之字义形容尤极其妙，道者狭而且修，今观各国军人之分位令何其似也。

曲制者则军队之编制也，观下文法令执行之意，则知法者含有军纪之意，国军之强弱以军纪为本，而人事整顿、部队之制度、主将之权威，实为军纪之基础，而建军之原则尽于此矣。

参照后文"凡用众如用寡者分数是也"义分数云者即编制之义，所谓曲制者是也。

此节杜氏注谓主者，管库厮养职守，主张其事也；用者，车马器械，三军须用之物也。则似举编制经理兼言，就本节论，文义较完。惟就上下语气考之，则此节似专指编制言，故以主用为主将之作用。

凡此五者将莫不闻，知之者胜，不知者不胜。

此为第二段之终，所述者，仅建军之原则，而即断之曰胜，曰不胜，可见胜不胜之根本问题，在此不在彼也。

第三段

故校之以计，而索其情，曰主孰有道，将孰有能，天地孰得，法令孰行，兵众孰强，士卒孰练，赏罚孰明，吾以此知胜负。

案此则言未战以前，人主所当熟思而审处者也，死者不可以复生，亡者不可以复存，故孔子曰"临事而惧"（临者将战未战之际之谓），此节连用七孰字，正以形容此惧也。

强弱无定衡，故首重在比较，然有形之比较易，无形之比较难，此节所言，则属于无形者居多。今各强国之参谋部，集全国之俊材，所以劳心焦思，不皇宁处者，则亦惟此数问题之比较而已。此种盖有两难：

第一为知之难。吾人于普通之行事，有误会者矣，于极亲之友朋，有隔阂者矣；况乎国家之事，况乎外国之事，而又涉于无形之精神者乎？必于其政教风俗、人情历史一一融会贯通之，而又能平其心气，锐其眼光，仅仅能得之，而未必其果然也。当俾士麦为议院攻击之时，孰敢谓普之民能与上同意也，当苦落伯脱金于俄土战役之后（苦于俄土之役为参谋长，著有声誉）孰敢以今日之批评语讥之？普法战役之初期，毛奇乃与第一军长相冲突，日俄战役之终期，而儿玉（参谋长）乃与各军长生意见，幸而战胜，故说之者寡耳，非然者则岂不亦为胜败原因之一，啧啧于人口哉！况"军纪之张弛，教育之精粗，非躬与士卒同起居，则不能识其真价"（毛奇之言），而精神诸力又容为物质所误，读日俄战争前欧洲各报之评论，盖可见也。故此节曰索其情，索者探索之意，言必用力探索，始能得其情也。

　　第二为较之难，较之云者言得其彼此之差也。无论何国有其长，必有其短，其间程度之差，有甚微而其效甚大者。今以最浅显者譬之，例如调查两军队射击之成绩，而比较之，甲平均得百分之零三（即千发中中三的），乙得百分之零三五（即千发中中三的半），此固有种种关系不能定为孰优孰劣，然一战役间，假定每兵彼此人数相等，则乙已可灭甲之半矣。气弱者见敌之长，见己之短，（二者常相因）则邻于怯；气强者见敌之短，见己之长，则邻于骄。故同一时，同一国，而各人之眼光不同，所说亦互异。为主将者，据种种不同之报告，而以一人之神明判定之，且将综合其全体（譬若主有道而将未必能），截长补短，铢两悉称，于以定和战之局，立外交之方针，其非易易，盖可见矣。昔普法未战以前，法国驻普使馆武官，尝列陈普军之强矣，拿破仑不之省，盖数战而骄，亦以法之地位自有史以来较普为强也。顾与其骄也，毋宁稍怯，盖怯不过失其进取之机会而已，骄则必至于败亡之祸也。

　　伯卢麦著《战略论》第三章，论国家之武力曰：

　　　　当战争时国家欲屈敌之志以从我则用武力，武力云者，全国内可以使用于战争之各种力之总称也。

　　武力中之最贵重者，曰民力，即国民之体魄、道德、智识之力也；征之于史，固有用外国兵以战者，然背于近今战争之原则，盖国民有防卫国利之荣誉义务者也。民力之大小，以其多寡及性质而定，民力者各人之力之总积也。故随数以俱增，为当然原则，然各人之力之差则甚大，故有其数大而其积小者。勇敢质朴之人民，比之懦弱萎靡者，其数虽小，而军事上之能力转大也。

然道德智识之力，实较体力为尤重，义务心、果断、克己、爱国精神等诸德性，其增加国民之武力者盖伟，智识之程度亦然。故战争者，国民价值之秤也，上流者安于逸乐而失德，则其军之指挥不灵，普通人民之文化不开，则其锋铓钝。

其次为物质之资料，土地之富力，农业之情状，商工业之发达程度，及养马牲畜，皆为其重要之分子，其能确实心算者唯蓄藏于自国，或自国之出产而已。故金钱亦重要之资料也，然近世军队虽比于昔为著大，而金钱问题则转在其次，何者？盖国家使用国民材料之权利较昔为大也，近今则国民之材料愈发达，故国家间接以受其利。

雇兵之费，较征兵为大，夫人而知之矣，至有事之日，马匹及材料等非由外国购入不可者，则其国之金钱问题愈占重要位置，更进论之，则财政之整理与否，亦为国家武力之重要原则；盖财政苟整理，则能以国债集一时之现金，而取偿于将来也。

此外则国土之位置及形势及其交通线，亦为武力之一种，顾此种有对待之利害：

（甲）领域之广袤及人口之多寡　地广人稀者利于防，地密人稠者便于迅速及猛烈之动作。

（乙）国境之形状及地势　由此则国土之防御，或为难，或为易。

（丙）国内之交通线　交通便利，不仅能流通各种之材料及使用各种武力，迅速萃于一处，且可保持其武力而不疲。

以上地理及统计之关系于一国之武力上，在一定范围内可以呈其各种功用，如英之海，俄之大漠，瑞西之山，或为援助或为防御，皆有功用可言也。

国家之原质有三：曰土地、曰人民、曰主权。凡武力之关于土地人民者，述之如上，今且论国家之主权如何。

主权者所以萃民力、地力以供战用之主体也，其力之大小强弱，则视政体制度及施政之性质以异，而资材愈广大则其关系愈著，欲举土地人民之全力以从事于战争，则须明察勇决，举国一致，然惟元首则明良坚确，政府则和衷共济，庶几有成，若众说纷扰，而元首无定见，则其力即弱。要之，建制适当之国家，则各机关于平时即能自奋其力以赴元首确定之意志，一旦临战，必能发挥其力，无遗憾也。

主权虚无者也，其表现者，为赋兵法，即政府依何种条件、何种范围，得以使用其国民之身体及财产以为国务用之规定者也。详言之，则兵役之年限、现役之人数，及久暂人民备战之程度、召集之先后、征发之范围等皆是也。

凡独立国皆独立制定其赋兵法，而以国民禀性、文化程度、国家存立条件及政事方针之种种不同，故遂至千差万别，或则以其财产生命一一供诸国家，以图进取，或则图目前之娱乐，而不肯以保障此娱乐，故耗其财力；或以国无外患，解武装以从事于经济事业，此则由人而异者也。其国境线甚长外兵易侵入之国，欲保其安全，则又不可与岛国山国同日语，或界邻强敌，或界邻弱国，则其情又异，最后则战争技术上之要求，及经济与财政上之利害，皆一国制定赋兵法时所当熟思而审处者也。

然彼此依义务兵役之制，驱百万之军而求胜，则有俟乎卓绝之编制法，及国民坚实之性质，就中最重者尤在上中两阶级人民之卓见及勇气。以瓦砾之材泥涂黏附，墙壁虽高，不可以经风雨也。

赋兵法则陆军编制之基础也，编制之本旨即在合民力与物产以造成适于战争之具也。民力、物产、原料也，依赋兵法而精制之则成物。剑之锐也，一由于钢质之良，一由于人工之巧，依赋兵法则编良材而锻练之者，厥有赖于名工。故国家之武力依赋兵法而出其材，依编制法而成为用。

又第四章言国家当将战未战之际，应行列为问题者五，其立说之精神，则颇足为参考。

至两国之利益相反，而不能以和平解决，则两政府之脑力，务明辨左记之五问，以为决心之基础：

第一问：敌能举若干之武力乎？

欲答此问当先测定临战时敌国全体之武力，即我军侵入敌境时敌之内部抵抗力之大小，及敌军侵入我境之难易是也。敌之武力或有不能用于他处者，则去除之，反之，无论出于故意、出于推测，其能受他国之援助者，则亦须加算入之。

第二问：敌将以如何气力决心战争乎？

敌人志意之强弱刚柔，视争点利益之重轻及气概之大小为衡。

各国之气概，则由人民之性质及政治之情形而大差，同一事也于甲国不过为皮相之激昂，于乙国则或触动其极度之决心，人民而敢为坚忍富于爱国心能信赖其有力之政府，则其气概又决不可与萎靡之政府、柔弱之国民同日语。

决战意志之强弱，大都视其动因之大小即利益之重轻以为准。国家若以存亡之故而动战争，则其刚强不屈之态，决不能与贪小利而动兵者相等，盖前者必奋战至于竭国之力而后止者，后者不过举一部之力以从事，适有不幸，即能屈从敌志以图免后患。

案日俄之役，正其适例，日失朝鲜，三岛为之振动，俄得满洲不过扩充一部分之边界，与欧、俄之存亡关系无与也。故战役之后半期，俄人以内部扰攘之故，虽欧洲之援兵续至，宁弃南满以和。

第三问：敌人于我之武力及气力下何种观察？

敌人于临战时亦必起前之二问，故此第三问之解答甚为紧要，政略机敏之国，则战争将起时即于国际间监察其举动，敌若下算我的武力及气力,则其最初所举之力必不大,顾敌若一觉其误则或即屈从我志,或即倍张其力,二者何择,亦宜预算及之。

第四问:敌当交战时果用几许之材料?

此问之义甚广,即敌人武力、气力之性质大小,其锐气、其忍耐力、军事上之目的及最初所举兵力之外,将来更能举若干之武力种种等皆在焉。

第五问:我若欲屈敌之志以从我,或竟使敌断绝其希望,果须若干之军资乎?我果具有此数乎?具有此数而我目的之价值,果与此应行消耗之军资相称乎?

此五问皆相连络,故总括揭之于此,惟讨论第一问时,则我军军事之目的首当注意,此目的则由于政略上之关系及敌之处置以生。

依正理论则外交之方针、战略之布置皆当由此五问题而生,顾事实上则和战之局未必悉决于正当之研究,而两国当未战之先,未必能举上文五问一一为数学的解决也,盖彼此苟皆出于深思熟虑,则中间必有一身知奋励之无功,战争之不可以意气为,甘心其少少损失,而不敢赌存亡于一旦,此则近五十年之诸强国之所以未见战事也。

测算敌之军资,而求其正确,其为事已不易易,至欲公平秤量彼我之力则尤属困难,盖元质之编入军资者其数极大,其类又杂,而战时不意之事变亦影响于军资者至伟,测算者主观之谬误犹在所勿论也。

洞见敌人政略之企图而测定其外交上强硬之程度亦不易易。两国宣战之言,一具文耳,世固有利用仅小之原因,而启存亡之大决战者,又或一战之后胜者乘其余威,扩张其本来之目的者。

要之,以上五问,无论如何明察,决不能得数学之确解。其至善者,亦不过近似已耳。故贤明之政府,则于此五问之外,更生一问,曰:万一敌之力较预测为大,我之力较预测为小时,其危险之程度当在何等?故对于彼此同等抑或较强之国,尤不可不审慎出之,文明国之战争其起也甚难,而其动也甚猛,不动则已,动则必倾全国之力,而财力国力不许其持久,故动作尤必速而且烈。

案伯卢麦之所谓主权云云者,即主将法令赏罚之谓,所谓民力云云者,即兵众士卒之谓,所谓有形诸物质云云者,即天地之谓。

总括智信仁勇严五项而断之,曰能。其说亦见之近今学说。能者了事之谓也,德国武人之习谚曰,不知者不能,又曰由知而能,尚须一级。

天地者,彼此共有之物,而利害有相反者故曰得。(参观上文)

兵众者,指全体国民而言,士卒者,指官长及下级干部言。兵众之良否,属天然者居多,故曰强;官长之教育,属人为者居多,故曰练。练者含有用力之意,法令指军事上之政令言,赏罚指全体之政令言。

将听吾计,用之必胜,留之;将不听我计,用之必败,去之。

案此所谓计即上文七种之计算也,古注陈、张之说为是,以将为裨将者非也。

第四段

此节说交战之方法,其主旨在"出其不意,攻其无备"一句,然于本末重轻先后之故,言之甚明,读者所当注意也。

计利以听,乃为之势,以佐其外,势者,因利而制权也。

上文之计,乃国防战略之大纲,此所谓纲乃下文交战之方法,即战术之总诀也。此节所当注意者,在数虚字,一曰乃,再曰佐,乃者然后之意,佐者辅佐云耳,非主体也。拿破仑所谓苟战略不善,虽得胜利,不足以达目的也。计者由我而定,百世不变之原则也,势者,视敌而动随时随地至变而不定者也。故下文曰诡道,曰不可先传,其余本末重轻之际,揆之至深。未战时之计,本也,交战时之方法,末也,本重而末轻,本先而末后,故曰乃、曰佐。

兵者，诡道也，故能而示之不能，用而示之不用，近而示之远，远而示之近。利而诱之，乱而取之，实而备之，强而避之，怒而挠之，卑而骄之，佚而劳之，亲而离之。出其不意，攻其无备。此兵家之胜，不可先传也。

出其不意，攻其无备，为交战方法之主旨。能而示之不能以下十二句，专指方法言，盖欲实行出其不意、攻其无备之原则，必应用以上十二种方法，始有济也。兵家之胜云者，犹言此寻常用兵家之所谓胜云耳，非吾之所谓胜也，故曰不可先传。先者对于计字言，承上文乃字、佐字之意，所以呼起下文（夫未战）之未字，言真正胜负之故，在未战之先之计算，不可以交战之方法为胜败之原，而又转以计算置于后也。此篇定名曰计，若将全篇一气通读，则自计利以听以下，迄不可先传也一段为本篇之旁文，更将第二段、第三段之断语（知之者胜，不知者不胜），又（吾以此见胜负矣）与此段断语一比较，其义更显。

篇中开宗明义，即曰"兵者，国之大事"，而此则曰"兵者诡道也"，然则国之大事而可以诡道行之乎？盖此节入他人口气（大约竟系引用古说），即转述兵家者言而断之曰不可先传也。不可先传，犹言不可以此为当务之急也，以不可先传作秘密解，遂视诡道为兵法取胜之要诀，而后世又以阴谋诡诈之故为兵事，非儒者所应道，不知孙子开宗明义即以道为言，而天地将法等皆庸言庸行，深合圣人治兵之旨，曷尝有阴谋权变之说哉？

第五段

夫未战而庙算胜者，得算多也，未战而庙算不胜者，得算少也。多算胜，少算不胜，而况于无算乎？吾以此观之，胜负见矣。

此段总结全篇，计字之义以一"未"字点睛之笔，计者计算于庙堂之上，而必在未战之先，所谓事之成败，在未着手以先，质言之则平时之准备有素者也。

得算多少之"多少"两字,系形容词,言上文七项比较之中,有几项能占优胜也,多算少算之"多少"两字,系助动词,言计算精密者胜,计算不精密者不胜也。

"而况于无算乎"一句,与开篇死生存亡之句相呼应,一以戒妄,一以戒愚,正如暮鼓晨钟,令人猛醒也。

第七篇　现代文化之由来与新人生观之成立

（罗马游记之片段）

第一讲　古迹与新迹

我这番出国考察，首先拜访了欧洲的南国，而且是南国的南都——罗马。我这次是重游，旧的怀念与新的怅触，如像三春的花雨缤纷，经过我的心目。这些伟大的古迹不够，还加上些伟大的新迹！如果我是英国人或许五十年后的中国人，我一定点头微笑的说："倒也不坏！"但我这一回出来，身历了创巨痛深的国难，看见一个国家十几年内曾整个从弱变强，那得不感奋，那得不起野心，那得不为之赞叹。我把这种赞叹拉杂地讲给我同游的两个女儿听，（一个年十七，一个年十三，）她们信手地记了一些，如今整理为下面这几讲。

我们应该庆祝我们的幸运呵！第一步踏到欧罗巴，就踏到了世界上一个最旧(最富于历史性)而又是最新(最富于时代性)的地方。唯其旧所以能维新，唯其新所以能保旧。从老根里才会发出嫩芽，所以不可轻视老，有嫩芽才能荣养那老根，所以应该珍护新。你欣赏着芬芳的名花,却莫忘臭腐的肥料,但你若坚称肥料的奇臭等于罗兰的清香,这就不知鉴别,岂不笑死了人!

罗马是一个文化之海,上下人类史,纵横全地球,一切美术、哲学、宗教的巨流都汇集在这里。同时,它又是一座文化之山,一条条长江大川都从山岭上流到人间,灌溉了阡陌,衣食了大众,正好比西谚所谓一条条的路都引到罗马去,同时也从罗马通到了四面八方。我这处所说文化,与许多人的解释有异,我特别注重在它的发酵性,它能够把它所接纳的旧旧新新,起一番发酵的作用,从酸葡萄酿出美酒来。所以,发酵性是文化的要素,没有它,不能称为文化,只算一种民族生活的形式习惯罢了。

闲话少说,我们且先"看看"罗马,谈到"看"字,却非容易。我们化去数千元旅费,跋跋来到罗马,雇上一部汽车,到处东张西望,什么彼得寺哩,斗兽场哩,梵的冈(Vatican 罗马教皇区)哩,莫明其妙的但见许多姹红嫣紫的境界,粉白黛绿的光彩,如同烟云之过眼。这样不是看罗马,是看罗马城的电影。化偌大钱看一场电影,岂不是大笑话,也太对不起人了。所以我们不仅要看,还要研究,研究不够,更须体会。怎样叫做体会?就是吸收他人精神,振起自己志气,消化他人的材料,变做我们自己的质素;换句话说,就是要像罗马那样起一种发酵作用。发酵以后,再把制造品供给人家。小五(我的第五女)不是有一张画片,题名叫"歌德到意大利"的么?你看歌德惊异赞叹,感触奋发的那种模样,你再读读他游罗马以后的写作。你们将承认,要像歌德那样,才不辜负罗马此游。说来说去,你们切勿做蝴蝶,你们必须学蜜蜂。

有一位法国将军说得好,"有知识的人才配谈经验,肯研究的人才配谈阅历"。你们开口重经验,闭口贵阅历。那么我跨下这头菲洲驴子,就可以带兵打仗,因为它在菲洲身临前敌的时机比我多,很有些经验和阅历了——然而我们可不愿做驴子!

你们不要向我问：怎样才能体会呢？试举现成的事物做一个例子。你们不记得第一脚踏进罗马，就有一个小圆城在望，这城下蜿蜒流过一条河叫做台伯河(Tiber River)，罗马城就是沿着它的边岸建立起来和发达起来的。我们若研究台伯河的历史，就注意到一次，有一个外国国王，利用了罗马人放逐在外的君主，率领了大军，浩浩荡荡，杀奔罗马，竟到了木桥的彼岸，他们一过这桥，罗马就完了。当时罗马人中间出来一位英雄，领着两个同伴，拦住在桥头，却教后面的人民斧伐桥梁，差不多摇摇欲断的时候，他叫同伴们先回去，自己还站在桥头只身抗敌，后来听见一声响亮，同时两岸万千个惊骇的呼声："桥断了!"他便向河中心一跳，许多箭头望他射来，他却平安地游到了罗马这边，他的同胞们纪念他保全乡邦的大功，在桥边塑了他巍巍的石像，后世永不忘记他的芳名 Horatino 霍拉都，像这一类牺牲小我以为大群的英雄正是罗马的特产品。古昔罗马所以能逐步展开，成为空前绝后、广大久远的欧亚大帝国就系于这一种崇高的英雄主义。

一提起历史，我又要你们去体会罗马历史上又一基本元素。且说上海人有句俗话叫"硬碰硬"，你们别要发笑，这话倒是表示一种诚实真挚的意思，不折不扣，不讨虚头。而罗马精神也正就是"硬碰硬"的精神。原来当初罗马也和世界各民族一样，有一部分专事对外发展(战斗生活)的人叫做武士，后来形成了贵族，另一部分专事对内发展(经济生活)的人叫做平民，当外敌侵扰的时候，这些贵族都能尽他们的天责，身先士卒，视死如归，而且胜利(他们是十战九胜的)以后，所得的土地与财富，平民也能分享，因此平民愿意尊重贵族的权威，而贵族之权浸大，后来其中的不肖分子，又利用特权，欺压平民，平民不愿意，但苦没有兵力，怎样呢？他们表示了不合作的精神，一致离开了罗马，然而贵族生活上也离不开平民，所以结果双方讲和。贵族硬，平民亦硬，这一碰，碰出世界历史之光辉的罗马法来了。须知法是两种实力的交互方式,不是一种势力的统制条件,所以西洋这个"法"字涵有公平的意义。因为公平,所以能够合作,不仅与同种人合作,且能与异种人合作,这一合,就合成了一个欧亚大帝国。亚力山大、成吉斯汗、拿破仑都是专靠征服来成立一大帝国,结果不能长久,转眼成空。罗马人一半靠英雄的征服(英雄不只一个,竟是成了传统),一半靠法律的公平(法律不限己族,可以施之他族),所以他的大帝国独能长久,辉映两洲。近世纪的英吉利,能够"国旗终日见太阳",也就是抄了这一篇老文章。

贵族与平民一碰,碰出一部罗马法,劳动与资本一碰,碰成一个法西斯。罗马法通行,成为过去欧洲各法的鼻祖,西洋文明的要素,至于法西斯能否成为未来世界经济的中心,我们不必预言,我们只须注意于这个事实,即法西斯并非凭空的创造,并不如其诋毁者所谓,只是突现的彗星,可以指日望其殂落;恰巧相反,法西斯的成功,是像一位英国记者所说(现在英国人最爱说意大利的坏话,所以我偏选取英国人的观察),基于两种理由:(1)法西斯运动善用了罗马人传统精神的潜力;(2)墨索里尼的人格发挥了古罗马的英雄主义。

何谓罗马人的传统精神,就是公平合作——罗马法的精神。因为站在公平合作的立场上,所以在昔能有贵族与平民的联合战线,造成了伟大的帝国,而在今能有资本与劳动的联合战线,复兴了意大利的荣光,而且前途是未可限量。再说,法西斯所以能够叫资本家愿意减少利润,换取产业平和(禁止同盟罢工),又能够叫劳动家放弃罢工运动,换取生活改善,这都因为罗马人的传统精神在发生作用。

古罗马的英雄主义,前面已经说过,就是舍己为群,而墨索里尼则是发挥这种主义而且更进一步的英雄,他担负的牺牲,不是杀身成仁的那种,而是坚苦卓绝的奋斗、鞠躬尽瘁的服务,要知道长久的服务群众,比较一时的慨慷杀身更为艰难,也是更进一步。

我以为古今罗马，所以英雄辈出，蔚然极盛，原因在于民族的心理上，全民族期望英雄、崇拜英雄，而且，更重要的，他们懂得怎样诱导英雄、成全英雄。试举一端，西洋人崇拜活英雄，中国人却崇拜死英雄，中国人心响往之的是理想的，文学的、悲剧的英雄，西洋人倾心相许的是现实的，政治的、成功的英雄。该撒死了，又拥出一个屋大维 Octavins Augustus（帝政之始祖），拿破仑一世死了，又造出一个三世，但拿破仑三世没有英雄的素质，结果虚负了多少人的期望。

说古道今，讲了一大套，在结束以前，还有些意见要表示。我们必须注意，无论罗马法也好，法西斯也好，它们的共同出发点，总是"法"者乃行动的结果，并非思想的成绩。所以英国宪法乃许多行动的常规，而不是思想的纪录，你们假如高兴做女律师，研究起宪法来，一股劲到伦敦去买本《大宪章》之类，包你走遍书坊都成空。罗马法亦然，他本没有见于文字，而是罗马征服希腊以后希腊学者把它写出来的。法西斯之成为主义，也是法西斯成功以后，世人叫出名的。墨索里尼自己说我最初只有（反共产）行动，但逐步的行动能渐渐向着理想走，现在就成为"有哲学背景的一种经济制度了"！（这也是英国记者的话。）孔夫子作《春秋》，说道："我欲见之空言，不如着之行事之深切著明也。"所以孔夫子"不著书"，不谈主义，结果却打倒了春秋战国时代的一切思想家，这那里是后世的孔徒所了解的。

第二讲　美　术　与　宗　教

本讲从希腊之爱（善乐其生的美术）与耶稣之爱（善用其死的宗教）说到罗马之大（美术、宗教与政治的集合体）。

说爱

欧洲文字中有一个最简单而又最复杂的字。这字我们姑照普通的说法译做"爱"。从淫秽的下流直到神圣的天国,从普通的酬应(你爱罗马么? 你爱吃意大利菜么?)直到人生的大故(为爱情人而结婚,为爱国家而战死,为爱人类而牺牲),都包括在这个字里。他的微妙,甚于原子、电子,他的动力,可以排山倒海,他的伟大,可以汯漫宇宙。我想用中国文字来扼要地说出它的来去之迹,终始之象,只有一半掉古文,一半造新句,叫做:爱也者,"天地之大德曰生,人生之大事曰死"。

爱是天地之大德,(哥德《浮士德》最后揭出"永久的女性"一语,就是这意义。)德者虚位,表现在实际行动上就是生,所以爱之根苗就种在生之最初,可称为世界成立之原动力,也就是孟子所谓"赤子之心"。现代婴孩心理学与生物学上得到的种种科学的见解,对于啼饥号寒等本能动作,都从一种意义上来说明,便是生命之延长,种族之绵赓。生活力在发展过程中,必然遇到环境的阻碍力,于是而有奋斗、啼饥号寒以求生。这是奋斗的序幕,而牺牲一切以至于死,却是奋斗的最高峰,牺牲到极点至于生命也不要,接受人生最后和最大的大事——死,于是爱就功德完满了。(爱量之大小是不可测度的,而牺牲精神却正是爱量之寒暑表。)

希腊之爱就代表爱之初,它充满了生命的喜悦、生命的享受。它有自由解放的人格,把握着快乐的现在。它的美的艺术品,白石的塑像,从形式与姿态上,充分表现了它的文化——男女的文化——中间的欢情。然而我们离开它的外表,而注意它的内心时,就发现他潜在意识中有一个魔鬼,这魔鬼姓"未"名"来",道号"不可知",别字"运命"。希腊人觉得自然太威严,人太渺小,人会一下子给命运颠倒,不管你贤愚美丑,给你一个大破坏,大灭裂,至于将来是怎样,死后归何处,却又茫然不可知。雅典更有流行的黑死病,那个魔鬼是常在潜意识里作怪的。他们不得已就皈依于古代的迷信,所以他们虽然活泼,终脱不掉原始人的那种困恼——对于未来的困恼,而他们的文化纵称卓越,仍未摆脱原始的色彩。

其实希腊人所以这样困恼,原因还在他们的无知。希腊文学最发达的是悲剧,而且都是运命的悲剧。读了索福克理斯的《厄狄怕斯》一剧,谁不为之惨然? 这位最聪明的英年国王,解答了女怪的谜语,但却茫然于自身的运命。天大的罪恶就在这无知中妄作了出来。在这样的环境里,梭格拉底来了,他以寻求真知做他自己的使命,他努力要造成一种爱真理求真知的风气,然而无知的希腊人,那能一下子领悟真知之可贵,所以就把梭格拉底毒杀了。

我们就要说到耶稣了。耶稣的精神不仅在希伯来思想中养成,即在希腊文明中,也有重大的预告。他的根本教义即存在希腊哲学里面。学理上梭格拉底就是一纯粹的耶稣。但在希腊则教义存在少数知识先觉份子的理智反省之中,无大众的情感,无永生的渴慕,只能作为几个人的确信,不成为大众的宗教。有人说过一句过火的话:"希腊的大哲学家却把希腊沉沦了。"因为有高尚特出的先觉,终使民众传统的迷信打破了,但旧的去了,新的不来,几场内战,一次天灾,一口气接不过来,怎么了不得的哲学美术,一死就是三千年,翻不过身来。希腊人倒霉,罗马人交了时运。

到底耶稣的教义怎样? 梭格拉底的哲学又怎样? 我虽不敢妄谈? 但浅薄地将我所见到的来说,就是:

牺牲个人以为群众,牺牲现在以为将来!

梭格拉底说:个人当在群众之下,人身最高目的在实现道德的存在。

耶稣说:人类有罪了,所以上帝派他的儿子来做牺牲。十字架放下来,耶稣复活了,永生了!

这样看来，梭格拉底是教人应当这样做，耶稣却教人乐愿这样做。梭格拉底的毒药杯，是智的正的权化，耶稣的十字架是情的爱的权化。耶稣的门徒直接继续不断的殉教，而造成中世纪宗教统一一切的局面。梭格拉底的门徒一千五百年后，从加里尼起一个一个的殉知，而造成现代的科学文明。

耶教用"上帝"之"爱"来代替了这"魔鬼"的"恶作剧"，所以一二世纪的教徒的内心是充满了快乐与希望，没有一些忧惧和迟疑。"有一个爸爸一样的上帝，随便什么人，随便什么时候，都可以找着他"。这一针，针针锋对着希腊运命剧里表现出来的悲惨人生观打进去，恰好针锋相对，所以最初美术就与宗教谐和结合，他们俩不是敌人，竟是姊妹相互间有无数细针密缕的交情，宛然一幅无缝的天衣，在古历史上竟无明晰的过渡痕迹了。

希腊乐生的美术与耶稣用死的宗教，通常错认为截然的两橛，（我从前著《文艺复兴史》，于此亦人云亦云。）实则，如前所说，二者都出于爱，前者是爱之初——天地之大德曰生——使人善乐其生，后者是爱之极——人生之大事曰死——使人善用其死。而且，很重要的，须知二者中间自有一个一贯之道，在做着旋乾转坤的工程，就是 Pieto（慈悲，或谓悲悯）这个字，它在美术上的象征，就是圣母抱尸图。所以看罗马的画，可以分为三大类：（1）耶稣降生（生），（2）圣母抱尸（死生之连），（3）耶稣受难（死）。

你们游大墓道时不是留连忘返么？这个大墓道的发现开拓，更证实了宗教与美术的一见钟情。从前人以为初期宗教都反对美术，其实是因为反对偶像，所以不在造形美术（雕塑）方面努力，而转注精神于壁画、浮雕、用具等方面。按火葬是异宗的观念，耶教以复活永生为前提，有"事死如事生"之意，所以墓道装饰，视死者为生人，即将当时罗马壁画及工艺美术直接应用，使墓道中满布了乐观的空气，用希腊人生享乐的活动材料来装饰复活永生的恬静生活。惨酷的十字架，墓道中竟寻不出来。有的是花、鸟、果子、天女、羊、鱼，千年古墓里保留着无限春光，生与死完全一致了，这岂非奇迹？这奇迹就是罗马的成就，墓道之大（一天走不完）正是象征着罗马成就之大。

且说大

上海有个游艺场名叫大世界，不管它实在内容如何，这个名词可甚有意义，如果拿来译罗马的比武斗兽场，所谓 Colosal 真是名副其实，现在我们从大世界出发，可要先来谈谈这个"大"。

这个"大"，是从死罗马骸骨中跳出来的一个活鬼，第一个吓倒了德国诗圣歌德，（第二个恐怕就是我。）他一到罗马就感觉到他自身艺术的方向，应当向着"大"走，他说"美哉大乎"！大就是真的极致，（这个真字在中国哲学用语上就是"诚者物之终始"的诚，）古代艺术之所以能大，因为他的思想与行为都是真的缘故，最容易看出来的莫如建筑，譬如宫殿罢，不是小诸侯要耍阔，故意的宣传的装饰品，而是世界统治者实用的事务室；譬如水道罢，并不是花园里做喷泉用，或庭子里做池子用的，而是为国民大众作饮料用的；其他庙、戏园、驰道、浴场都是这样。精神如此，肉体也是如此，所以墙头就是石壁，不是砖上涂石灰。总之，一切一切都是"真"的材料。（记得第一讲的硬碰硬。）

当歌德看见罗马的大水渠从一个大谷中蜿蜒的奔到山上，他说："咳，到底我见解不错，我最恨的是一切矫揉造作、小刀细工，因为它没有一点真的内在的存在，就是没有生气，就是不能'大'，不会'大'。"

他自己告诉自己，在这里人们应当充实了！

歌德看见了水渠发感慨，我却游了斗兽场——大世界才感动，一个戏园子在几分钟内可以容八万七千人进去。中世纪来把他当作矿山看，（如同中国偷城砖一块一块的搬走。）拆了它七八百年的台，还是不倒，巍然存在，椭圆形的外面分作四层，而地底下伟大的布置可以使光线空气

117

一点不感困难。罗马人要不是具有一种伟大精神，怎样会遗留下如此伟大的成绩。

歌德说大就是真，其实也不用请外国老师，中国的孟夫子就最会说明这个"大"，他满口总是大人大人的，（"不失其赤子之心"，"能格君心之非"，例太多了，恕不备举。）他不仅赞美"大"，（充实"真"而有光辉"美"之为大。）而且能教人家做"大"。他说看见了一个小孩子望井里跑，大家都会心里一跳。看见一只牛在受宰的时候发抖，大家也会眉头一绉。这一跳，这一绉，就会绉成一个世界极乐大帝国（是心足以王矣）。这种奇迹在乎"推"，在乎"扩而充之"。他还说得极其容易，如同火烧起来，如同瀑布冲出来一样大起来了（若火之始燃，泉之始达）。这几句话至少可以把世界文化运动的精神状态形容出来。

这种伟大无疑就是罗马文化的特色。按罗马人最初不过是一个武勇的蛮族，当一世纪时候，凭他的公平占领了地中海一带，希腊爱生的艺术，与希伯来用死的宗教，都不先不后输入罗马，于是法律、宗教、艺术三者互相融合，结了一个胎，成为罗马文化。后来北方、东方的蛮族虽屡次侵入，而这个酵母的力量，终究能克服他们。世界各国的生活基调，全都络续受了他的陶镕。白种人今日所以能够称雄世界，俨然天骄，其由来早在纪元之初。不错，现代文化是有一个伟大的开始的。

在这种宗教艺术政治的汇流中，我们发见他与他种文化有特殊不同之点二：

一为世界性　古罗马因为地理上的关系，所以主力的发展在南而不在北。凯撒虽曾经营高卢（今之法兰西），用兵撒克逊（今之英格兰），但这些地方在当时都如同漠漠的塞外。一般的人民乐于南征，密迩的地中海就成为它的庭院，海是可以通世界的。至于陆地，则东西面向各方发展，而以筑路为统御边疆的唯一要领，所以各方驰道以罗马为中心，像太阳的光线，幅形四射。君士但丁既定教宗，复能躬率士卒建都于东方,彼其理想固以天下为家,而适与教宗的保罗精神相符合,保罗就是打破种族观念。而以传教于异族为事的。

二为平民性　政体固无论其为王政专制或为贵族共和,而"媚于庶人"的精神,是始终不变的,斗兽场一方面是表示罗马人的残忍野蛮,一方面可见英雄外征,犹不忘设法取得国内群众的欢心。西方人之喜欢活英雄者或即由此。圣彼得寺固然穷奢极华,但其本意,实欲以外形的美丽庄严以肃穆群众的身心。至于一乡一市必有广场,以为群众集合之所,得一宝物必列之于群众瞩目之所。不像东方人的苑之必禁、藏之必秘,只供私人的娱乐而已。这种风气,果远在卢骚《民约论》以前千百年之久。

第三讲　个人与群众

美术、宗教、政治既然发生了三角恋爱,产生了一颗水晶的种子,使人类走上了文化的正轨,它们假使能够把这平衡长久保持,那末我们这辈后生小子,如今就该生活在伊甸乐园中了。可是不然,宗教第一个就不安于室,定要唯我独尊,支配一切,所以好好一个人家,又闹出轩然大波了。

它宣传牺牲个人以服务上帝,牺牲现世,以追求天国,若能适可而止,岂不很好,然而耶稣教并不是这一种和平性的信仰,它不仅主张牺牲个人,而且个性也不许表现;牺牲现在,而且心目中根本不容有什么现实,这样一来,就苦了人类了。

问题的关键是:个人应当牺牲,而个性不可以泯设;现在应当牺牲,而现实不可以忽视。

一个皇帝被教皇破门,要三天三夜赤着脚在严冬零度以下立在路上等候教皇赦罪，何况老百姓呢！好像中国的绍兴婆婆在当媳妇的时代吃了婆婆的亏，一股怒气都发泄在他的媳妇身上，我在童年时代曾听过这样的传说。火烧、抽肚肠，把从前异教徒虐待宗门的办法来组织了宗教裁判所，人类永远的救主，变成了一代专制的魔王，这是怎么一回事呢？

一个教士穿了老羊皮，蹬在山洞里，每天晚上用皮鞭来尽力的自己抽自己，要步行经过瑞士，怕瑞士的风景太好了，引动他的凡心，同牵磨的骡子，拉车的马一样，带上一付眼套。山水的风景且然，何况大理石裸体女人的曲线美。因为上帝爱人类，人们就应该爱上帝，就不爱，就蹧跶人类，这又是怎么一回事？

我说，这叫做文化中毒，第一讲不是说文化就是"酵母"么？这个酵母的根源是从极乐园中蛇指示夏娃吃的果子（知慧）而来的，所以有点酒精味儿。尝一点儿很有滋味，多吃了会中毒、会发疯。

这个毒第一次由十字军东征，第二次由东罗马（君士坦丁）灭亡，渐渐的醒了转来。

农民早作夜息，忘记不了一个"天"，可是十字军东征时代各国的大兵都向耶路撒冷跑，后方的粮草接济总得有几处站做转运的机关，因此就发生一个名词曰"市"，同时买卖转运的人就成了一个阶级曰"商"。商人的收获不是靠"天"，而是靠"人"，除非上帝能多造些人来买他们的货物，他们是不会想到上帝的。这具"市"和"商"，就是近代国家的细胞。

土耳其占领了君士坦丁——从前君士坦丁皇帝定耶教为国教，把罗马送给教皇，自己带了兵望东方开发，占领了欧亚交接的形胜要点，创造了这个大都会——现在被人家占去了，这城里一大群智识阶级（都是教士）只能向西方逃，于是把古代希腊的文艺图书一律带回罗马，又引起了罗马人当年掠取希腊文物的兴会。

这两种都是外来的诱因。还有一种内在的诱因，使意大利发生了文艺复兴的火种，烧到法国就变了大革命，烧到英国就变了一个魔鬼瓦特，造了机器来吃人，烧到德国先是宗教改革，后是大军国，最后又来了一个马克思。原来，这位又聪明又美丽的大姊（古典的哲学美术）不肯替二姊（宗教）管家了，他要拿她的聪明美丽来麻醉世界，谁都管她不住，虽是穿老羊皮的教士蹲在山洞里不愿见人，虽是黑层层的教堂里把书本藏起，把智识垄断，不放一点出来直接给老百姓。但是他们吃的穿的总要群众劳力的供给，上帝爱了人类，教士们事实上也不能不把群众做对象，所以第一要让人家来听讲做祷告，就不能不有伟大教堂的建筑。而且六七百年前欧州人除了教士以外百分之九十九不识字。字不会识，画却会看，弗兰西斯说，人人都会看画，所以教堂的大壁上就应当有壁画。这一句话风行了全意大利，美术就做了宗教唯一的宣传品。

同中国人谈美术，开宗明义就得声说清楚，中国以"个人观赏"为前提，所以唐磁宋画都是秘藏。西洋以"群众教育"为前提，所以埃柱希雕陈之大道，所以艺术家不是诸侯消闲的清客，而是群众崇拜的英雄。如果我们在邦惟翁一转就看见复兴祖国的名王元陵，却在画家拉飞耳永眠之地的旁边，东方人如何会想得到呢！艺术家既然如此尊贵，所以他有自尊心，不愿意自己降下来，凑群众的口味，他要提挈群众向艺术大道走，各人各有表现。这一个深入腠理的个性发展，就成为五百年来历史变迁的原动力。

但是他们却从那里去寻出这个"美"来呢？他们从古典里学得一种方法，向"自然"中去寻，自然就是宇宙的现实，就是真，这个现实不仅包括山明水秀橘绿橙黄的天然风景，而且加上了饮食、男女、慈悲、残杀种种人生事迹。

个性发展了，于是有所谓"自由"。现实被人们注意了，于是有所谓科学。

西爱纳、翡冷翠、威尼斯、米兰各处地方教士们造教堂,商人们造市政府,彼此竞争要大要美,罗马是世界之都,教皇为万王之王,自然要好好干一下的,于是壮丽绝尘寰的彼得寺出现了,这就做了中世纪与近代的过渡点。

圣彼得寺为世界唯一的大教堂,可是这个"大"的性质不同了。罗马古代建筑的"大",表示真,表示充实;彼得寺的"大",表示容,表示调和。古代的皇宫,戏场的大,是山的大,彼得寺的大是海的大。你想时间经过二百年,第一等艺术家经过六七位,他们各有各的独到见解,决不肯模仿人家。但是构造成功,都不见一些斧凿痕迹。我们一进教堂门如果不先看旅行指导,竟会毫不觉得他的大,大而能使人不觉其为大,是为容德之至高者,不过望见祈祷台下的人觉得他很小罢了,因为柱子的粗细、图幅的广阔、石像的高大和寺内容积的高广,都有适当的比例,所以看去很自然,好像是应当这样似的。

教会的钱虽是不少,但要和商人(各市)竞争却有些困难,因为商人能周转,一个钱在商人社会里可以发生十个作用。教会收人民的税,一个钱只能发生一个作用。教皇因为要争气造大教堂,财政就感觉困难,不得已出卖赦罪符。这赦罪符又同彩票一样归商人包办,于是宗教的威严扫地,就发生了路得的宗教改革。

这中间最可注意的就是各地方言,渐渐地成了一种国语。原来中世纪之所以称为黑暗时代,就是因为念书的同做事的两种人绝然分开的缘故,念书的就是教士,做事的就是武士、商人、农民。当初教会成立就用了一种愚民政策,把一切知识垄断起来,所以告诉人民说:"你们要不经过教会是永远见不着上帝的。"路得却说,人人可以直接上帝,用不着教会做中间人,所以他就用德国土语译了一部《圣经》,在意大利就有但丁用意国土语做了一部《神曲》,而与此先后同时印刷术发明了,因此做事的人多数会念书了,所谓个性,就是因为得了这一种武器才真正的发展起来。

　　武士打仗，不能不有刀枪，商人运货，不能不有车马船帆，农人种田也要用农具，这种刀、车、船、锄都是"物"。人们最初用眼睛来观察自然，觉得他"美"、"真"，现在要用脑筋来利用并统御自然了，结果从人们一天不能相离的"水"与"火"的中间发明了蒸气机。只有商人看见了机器最喜欢，也只有商人才能活用这部机器。因为商人贸迁有无，他的生命线是车和船，是交通工具，所以蒸气机第一步就应用到铁路轮船上去，但是造机器需要一笔大本钱，商人因为运输之故，金钱的周转能力比任何职业大，所以有能力能建设工场。所以我说，要没有十字军时代的商人市政府，虽有几百个笛卡儿、培根、瓦特、斯底文生，还是没有用。

　　于是，贵族的威风尽了，教士的统治终了了，轮到商人来做时代的骄子了。他有哥伦布、麦哲伦等等健将，蒸气机、轧棉机等等武器，所以他开辟的帝国比了罗马人或基督教的帝国更为广大，"四海之内，莫非王土"，真是猗欤盛哉。商人一登宝座，就不管什么牺牲个人和牺牲现在这一套，他只知道自我尊严、今世享乐，所以表现在政治上为"自由民主"，在经济上为"政府不管"（Laissez-faire），在思想上为个人主义，在生活上为物质文明。名义上是平等胞与，实际上则一切权利都归他享受。他有的是机器金钱，一般人谁也奈何他不得。

　　可怜的人类啊，刚从教会的大门里一个个的冒着生命的危险逃出来找着了自然，费了五百年功夫，自以为自由了，打倒教会，打倒皇帝，左辅右弼的，一位是德先生——德模克拉西，即民主主义，一位是赛先生——赛恩斯，即科学主义。高举了现代文明的大旗，沉着的望前走，那知道竟走到了一个铁围山底下。一劲斗翻了下去，这可不是宗教裁判所的铁炼了，可以拉得断，也不是教会大门的铁锁了，可以扭得开，这个机器鬼竟是一座铁山。于是有一位马克思先生就在铁围山底下大叫大喊的叫救命，而且还想了许多法子叫人们逃出来，但是这位马先生的潜在意识里已经被钢铁大王创巨痛深的打了一个耳光,所以许多法子中间出了一个大漏洞。前两讲里不是说过的吗?希腊是男女的文化,罗马是饮食的文化,所以一个结晶品是艺术,一个结晶品是法律,一个是圆的曲线美,一个是方的均称美,饮食是生命的维持,男女是生命的创造,马先生被钢铁压扁了,只知道方的,不知道圆的,所以有两个问题(其实是一个)不能解决:一个是家,一个是国。现在德国人用种族斗争来代替阶级斗争,就是"男女"代"饮食"。历史教训我们种族斗争的程度比阶级斗争还要猛烈些。

共产党要是不在俄国成功,这个悲剧还不会实现,因为他可以联络国际工人做阶级斗争的工作,但他现在却占领了俄国,俨然成立了一个国家,这个阶级斗争的理论就消融不了国家的对立,而且实逼处此的产生新经济政策、国防军、五年计划,成为变相的帝国主义。

墨索里尼却了解这个方圆并用的道理,他把国家造成一个整个经济单位,劳力是国家所有,物资本也是国家所有。一国之内可以分工而不能名之曰阶级,更绝对不容许有斗争。他说:这个国家,这个群众,不仅是现代人的集合体,他从前有历史悠长的宗若祖,他此后有天壤无穷的子若孙,所谓全体利益,不仅仅是现在一时的群众全体,而是前后几千百年群众相接续的全体。他把一个国家加上了时间的生命,而把个人认为全体中一个细胞。这个圈子又兜回到希腊哲学耶稣教义,而象征出来却是一个无名英雄墓。他是牺牲了个人以为群众的,他是牺牲了现在以为将来的,但是建设这个墓给群众的教训却比从前更充实些,这意义是:

锻炼个性,使能服务于群众——群众需要有个性的英雄,不是无力的奴隶

努力现在,以求开拓于将来——将来发展的是确实的现在。

法西斯的国家生命观,何以能得群众的同情呢?因为,人类于饮食

外(生命之维持)更有男女(生命的创造)。两个人在路上拾到一块金子,最初的感想就是二人均分,两个人在交际场中遇到一个女子,结果必是一个独占。国家之有独立性,基于人类之有家庭,国家之有历史性,基于人类之有父子,"国之本在家"这句话,从法西斯国家来看,实在是不错的。墨索里尼却能从人心的自然里煽动他。

讲了半天,真够你们受的,如今我这话匣子要收起来了。细想我这几讲真像美国人的游历,坐一部汽车,兜一个圈子,到处投一张片子,画一个到,实在的时间不过三四个钟点,实在的地方不到三十里;可是不然,一兜就是三千年,一转就是九万里!

其实,我玩的戏法并不奥妙,你们一下子就拆穿了我的西洋镜。我这里先是揭出了罗马牺牲个人以为群众的英雄主义,怎样与耶稣牺牲现在以为将来的宗教精神不谋而合地奠定了现代文化的始基,其后说到各种因素的一起一落、此消彼长,耶教怎样专制了人类的性灵,漠视了现实的世界,于是激起了反动,而有资本的崛起、文艺的复兴、宗教的改革,形成了商人的第三帝国,其间虽有许多的福利,但有更多的悲惨。少数的个人是得志了,多数的群众是憔悴了;现世的快乐是圆满了,未来的信念却动摇了,何异重踏古希腊人的覆辙?新罗马精神,于是适应需要而起,为山穷水尽的现代文化,另辟柳暗花明的境地;是的,它指示了全世界一条新的途径,一种新的人生观,让我们牢牢记着这两句教训:

　　　锻炼个性以服务群众;

　　　努力现在以开拓将来。

呵,富于历史性和时代性的罗马呵!